A History of Accounting

改訂版

会計の歴史

慶應義塾大学教授
友岡 賛

税務経理協会

緒　言

会計の通史を上梓するのは三度目である。まずは二〇年前に『歴史にふれる会計学』を出した。次いで一〇年前に『会計の時代だ――会計と会計士との歴史』を出した。偶然だが、一〇年毎に上梓していることになる。前者は筆者にとって三冊目の本であり、教科書として書いた。後者は筆者にとって九冊目の本であり、一般向けの教養書として書いた。

最初の通史は、当初、筆者が考えていたタイトルは『会計の歴史にふれる』だったものが、出版社の判断により、『歴史にふれる会計学』へと微妙に改められた、ということはあったにせよ、いずれにしても、「本書は、一応は、会計の「歴史」にかんする入門的なテキストといった体裁をとってはいるが、読者が、本書を手がかりとして、さらに、いわゆる「歴史研究」として深めてゆく、といったようなことは、さしあたり意図されていない」[1]といったような些か弱腰の姿勢がこのようなタイトルをもたらすに至った。また、次の通

1　友岡賛『歴史にふれる会計学』一九九六年、一頁。

史は、当初、筆者が考えていたタイトルは『会計と会計士との歴史』だったものが、インパクトのある派手なタイトルにしたいという出版社の思惑により、『会計の時代だ』というタイトルになった。『会計と会計士との歴史』は辛うじてサブタイトルに残ったものの、あのときどうして妥協してしまったのか、と悔やまれる。

というわけで、筆者にとって二一冊目の本であり、三冊目の通史であるこの書は初めて『会計の歴史』という素直なタイトルをもって上梓される。

二〇一六年四月六日、三田山上にて

友岡　賛

謝　辞

毎々のことながら、税務経理協会の大坪克行氏と峯村英治氏には洵にお世話になりました。

また、本書の執筆は昨年の暮れに成稿した前著『会計学の基本問題』の校正作業と並行して行われましたが、この前著の編集者、慶應義塾大学出版会の木内鉄也氏の種々のご助言は本書の執筆にも活かされています。

さらにまた、数日前に慶應義塾を定年退職された慶應義塾大学名誉教授の中条潮氏には（相互依存的な関係とはいえ）三〇年以上もお世話になり、今後もお世話になり続けるつもりです。

これらの方々に万謝します。

目次

引用について

原文における（ ）書きや太文字表記や圏点やルビの類いは、原則として、これを省略した。したがって、引用文におけるこの類いのものは、特に断りがない限り、筆者（友岡）による。

また、引用に際して、誤字の類いは修正し、算用数字は漢数字に改めるなど、読み易さのための加筆を施している。

会計の歴史

友岡 賛

序章

会計の歴史を書くことについて

第一節　「会計史」を取り巻く状況

クール?

オーストラリアの大学からきた或る女子交換留学生に「先生の専門は何?」と訊かれ、「会計の歴史だよ」と答えたら「**かっこいい**（It's cool）**!**」といわれて驚いたことがあったが、それは例外として、「会計の歴史をやっています」というと、「えっ、会計の歴史、ですか?」といった反応が返ってくることが未だに少なくない。

二〇年前に出した会計史の教科書には「ほお、会計にもこんな歴史があるんだ」[1]とか、「会計の歴史なんてかんがえてみたこともなかったけど……」[2]とかいった会計の歴史に対する世間の反応を記したが、この二〇年間に状況は変わったといえるだろうか。この教科書自体は、幸いにして、類書があまりなかったため、着実に増刷を重ねてきているが、類書があまりない、ということは、ニーズがない、ということでもある。

歴史の言い訳と歴史好き

会計史に限らず、およそ歴史というものには、

①まずは大摑みの通史（的なもの）が書かれ、
②その後、本格的な歴史研究へと深化し、細分化された対象における緻密な歴史が書かれ、
③ついには、本格的な研究の蓄積を踏まえ、体系性をもった通史が書かれる、

といった過程がみられ、そうしたなか、会計史も近年、漸く③の段階に達し、何冊かの通史が上梓されているが、その多くは、冒頭の辺りにおいて、「**歴史を学ぶことの意義**」に言及している。

どうして歴史は、その意義について、いちいち言い訳しなければならないのだろうか。けだし、歴史は役に立たない、と思われているからだろうし、しかも、概して実践的な学問と目されている会計学の場合にはなおさらのこと、「**役に立たない歴史を学ぶことの意義**」を言い訳しなければならないのだろう。

しかしまた、他方、世間には歴史好きが少なくなく、『〇〇の歴史』といった本はどれもそれなりによく読まれ、会計史にあっても、二〇一五年刊のジェイコブ・ソール（Jacob

---

1　友岡賛『歴史にふれる会計学』一九九六年、三頁。
2　同右、四頁。

Soll）の著書『帳簿の世界史』（*The Reckoning: Financial Accountability and the Rise and Fall of Nations*, 2014）がベストセラーのリストに名を列ねるに至っており、例えば次のように述べる向きもある。

「とにかくいま会計史が面白い。……The Reckoning（『帳簿の世界史』）にしても……Double Entry（『バランスシートで読みとく世界経済史』）にしても、数学の知識の発展と資本主義の歴史のなかで簿記発達を綴っていて、会計の発達を文化史としてとらえている。……J・H・フラマン著　山本紀生編訳『簿記の生成と現代化』や渡邉泉著『会計の歴史探訪』、そしてトーマス・A・キング著　友岡賛訳『歴史に学ぶ会計の「なぜ?」』なども、簿記文献史ないしはその技術史と言うよりも、その時代の会計文化史として編纂していて、読み物として面白い」[3]。

ここに引用したものは、執筆者が会計史関係者なので、かなり手前味噌とされるだろうが、近頃、それなりに多くの読者を得た会計史書がちらほらと見受けられることは事実である。

「学者業界では……売れる本を書くと「あんな本を書いて」と非難され……売れている

本は「くだらない本」と批判され」[4]るものだが、しかし、「売れているものにはかならず良いところがあり」[5]、会計史書も決して例外ではない。

第二節　会計とは何か――「会計」の定義

定義とその用法

『○○の歴史』においては、いずれ、「○○の誕生」とか、「○○の成立」とかいったことを述べることになろうが、こうした「○○の起源」とか、「○○の起源」の類いは「○○」の定義なくしては述べることができない。

さて、会計とは何か。いや、その前に定義とは何か[6]。

3　三代川正秀「最近の出版の傾向」『Accounting, Arithmetic & Art Journal』第二九号、二〇一五年、八頁。
4　友岡賛『なぜ「会計」本が売れているのか？――「会計」本の正しい読み方』二〇〇七年、一二頁。
5　同右、一四頁。
6　友岡賛『会計学の基本問題』二〇一六年、第一章、を参照。

「そもそも定義は、そこで述べられている内容の真偽が問題とされるべきではなく、妥当性が問題とされるものである。この場合の「妥当性」は現実の姿や理想の姿と比較することにより……（その事物）のさまざまな問題点を浮き彫りにできる度合によって評価されることになろう」[7]ともいわれ、けだし、その通りだが、しかし、妥当な定義を示すことも、定義の妥当性を判ずることも決して容易ではない。

また、定義については、

①当初から比較的厳密な定義を携えて過去に遡り、その定義に合致するものを探し出し、それらを繋いで歴史を書く、

といったゆき方もあれば、

②当初は比較的大雑把な定義を携えて過去に遡り、過去の探索を通じ、歴史を書くことを通じて帰納的に定義の精緻化を図る、

といったゆき方もあれば、あるいは

③いっそのこと、定義の類いはおよそ有することなく、換言すれば、専門用語としての「会計」は用いることなく、日常用語としての「会計」を用いて会計の歴史を書き、したがって、「会計の成立」といったことには言及することなく済ませる、

といったゆき方もあろうが、どのゆき方がよいかは分からない。

会計とは何か

とはいえ、とりあえずは「会計」の定義の例を二つ示してみよう。

①会計とは、経済主体における経済事象・経済状態を貨幣数値をもって認識・測定し、かくて作成された情報を伝達する行為、である[8]。

②会計とは、財産管理行為の受託者が自分の行った財産管理の顛末を貨幣数値をもってその委託者に説明する行為、である[9][10]。

7 瀧田輝己『体系監査論』二〇一四年、「序」三頁。
8 友岡『会計学の基本問題』二〇頁。
9 同右、二〇頁。
10 なお、筆者の既刊の二冊の会計通史の書においては「財産の管理行為の受託者が自分のおこなった管理行為の顛末をその委託者にたいして説明すること」（友岡『歴史にふれる会計学』一九頁）および「財産の管理という行為の受託者が自分のおこなった財産の管理の顛末をその委託この二つの定義の違いは、会計の目的ないし機能（役割）への言及の有無、あるいはまた、会計の目的等にかかわる含意の有無、という点に認められるだろう。

すなわち、①の定義にあっては、誰に情報を伝達するのか、といったことはさて措かれているが、誰に伝えるのか、相手は誰か、という選択の問題は、会計の目的をどこに置くか、という問題に直結し、すなわち、この定義においては、何のために情報を伝達するのか、という目的の問題はさて措かれている。他方、②の定義においては、誰が誰に、ということの明示がみられ、会計の目的等への直接的な言及はないものの、目的にかかわる含意の存在が感じられる。

会計の目的

では、目的への言及を加えるとどうなるか。

①(a)会計とは、経済主体の種々の利害関係者間の利害調整が果たされるようにするために、当該経済主体における経済事象・経済状態を貨幣数値をもって認識・測定し、かくて作成された情報を伝達する行為、である。

①(b)会計とは、経済主体の種々の利害関係者による意思決定を支援するために、当該経済主体における経済事象・経済状態を貨幣数値をもって認識・測定し、かくて作成された情報を伝達する行為、である。

会計の目的として一般に挙げられるものに**利害調整**と**意思決定支援**があり、①においてこの二つの目的に言及したものが①(a)と①(b)ということになるが、このうちのどちらか一方を選択して歴史に用いることが妥当かどうかは分からないし、また、次のように一つにまとめることもできる。

①会計とは、経済主体の種々の利害関係者間の利害調整が果たされるようにするため、あるいはまた、経済主体の種々の利害関係者による意思決定を支援するため

者にたいして説明すること」(友岡賛『会計の時代だ——会計と会計士との歴史』二〇〇六年、一三頁)というほぼ同様の定義が示されており、いずれにも「貨幣数値をもって」という件《くだり》はない。筆者は、のちに第一章に紹介される西谷順平の説と同様、貨幣数値を会計の要件とは考えていないが、ここでは、比較的一般的な定義の例を示すべく、「貨幣数値をもって」を加えた。

に、当該経済主体における経済事象・経済状態を貨幣数値をもって認識・測定し、かくて作成された情報を伝達する行為、である。

ここにいう「利害関係者」は、今日にあって最も一般的な企業形態であるところの株式会社についていえば、広義には、株主、経営者、債権者、投資者、従業員、消費者、行政府当局等を挙げることができ、「こうした利害関係者はそれぞれが企業に対して独自の利害関係をもち、また、企業に対してそれぞれの立場なりの関心を抱いている」[11]。

そうした状況下、「企業の経済活動の成果の分配をおこなうべく、出資者をはじめとする企業のさまざまな利害関係者の間の持分関係を調整すること」[12]や「企業のさまざまな利害関係者によるさまざまな意思決定のよりどころとなる情報を提供し、もってそうした意思決定を支援すること」[13]が会計の目的、とされる。

他方また、②に目的への言及を加えると、次のようになる。

②会計とは、財産管理行為に関する委託・受託の関係を維持するために、その受託者が自分の行った財産管理の顛末を貨幣数値をもってその委託者に説明する行為、である。

ここにおける二者は、これも株式会社形態の企業についていえば、株主が委託者、経営者が受託者ということになり、この二者における**委託・受託の関係**は、別言すれば、**資本と経営の分離**という状態であって、これは財産の所有者（株主）が、自分の財産がどのように管理されてきているか、というその顚末、財産管理の顚末をじかに目にすることができないという状態を意味し、そうした状態において行われる**説明**が会計である。

自分の代わりに経営者に財産を管理してもらっている株主には、自分の財産がちゃんと管理されているかどうか、自分の財産がどうなっているか、が分からず、そうした株主は、このまま委託・受託の関係を続けていってよいものかどうか、と考える。そこで経営者は株主を納得させなければならない。すなわち、経営者は、この関係を維持するために、株主を納得させなければならない。委託・受託の関係を維持するということは、つまるところ、経営者が、経営者としての自分の地位を維持する、ということであり、そしてそれは、

11 友岡賛『会計学原理』二〇一二年、三三頁。
12 同右、三三頁。
13 同右、三三頁。

「貴方の財産は私がちゃんと管理していますよ」といったような説明、すなわち会計を行うことによって果たされる、とされる[14]。

以上、とりあえずは「会計」の定義、会計とは何か、について述べたが、これから過去に遡って会計の歴史を書くに当たり、こうした定義の類いがどのように用いられるかは分からない。

第三節　会計の歴史をどうみるか――会計史の方法

経済発展のプロセスと会計の変遷

会計の歴史に限らず、歴史には、時間と空間をどう扱うか、という問題があり、これは、簡単にいってしまえば、どの時代、どの場所をみるか、ということだが、筆者の既刊の会計通史の書においては次のような道筋を辿った。

一四・一五世紀イタリア
←一六・一七世紀ネーデルラント
←一八・一九世紀イギリス

附言すれば、一四・一五世紀イタリアには**複式簿記**の成立、一六・一七世紀ネーデルラントには**期間計算**の成立、一八・一九世紀イギリスには**発生主義**の成立と、どれにも会計史上の重要事をみることができ、また、この道筋は、これすなわち経済発展の道筋にほかならず、世界経済の中心ないし最先端は一四・一五世紀にはイタリア、一六・一七世紀にはネーデルラント、一八・一九世紀にはイギリスだった。

すなわち、この道筋を辿るということは、経済発展のプロセスにおいて会計の変遷をみる、ということであって、そこには、経済発展によってもたらされる新しい状況が新しい会計を必要とする、といった理解が前提されている、ということだった[15]。

---

14 詳細は、友岡『会計の時代だ』一〇～一六頁、をみよ。
15 詳細は、同右、二九～三二頁、をみよ。

通説（？）批判

しかしながら、こうした道筋については橋本武久による次のような批判がある（なお、橋本はこうした道筋の考え方を「通説」と呼んでいるが、はたして通説なのだろうか）。

「簿記・会計の歴史は資本主義経済発展の歴史とパラレルの関係で論じられることが多い。経済繁栄の中心地がイタリア、ネーデルラント、イギリスそしてアメリカへと、その移動とともに簿記・会計も革新をしていったという構図である。これはあまりに単純な構図で美しすぎはしないか」[16]。

「株式会社の生成は、大きなインパクトを与えたと考えられるが、「株式会社の生成＝継続企業化とそれに派生する期間損益計算思考の生成」という構図はあまりにも単純にすぎる」[17]。

「ネーデルラントの簿記・会計はイギリスだけに影響を与えたのか」[18]。

しかし、通説は「イギリスだけに」などとはしていないのではないか。

「一七世紀後半からネーデルラントに代わって、世界経済のヘゲモニーをとったのは、数次にわたる英蘭戦争に勝利したイギリスである。そして、会計史の通説はこれを奇貨として、「経済繁栄中心の移動＝簿記・会計革新地の移動」とみる。世界経済の中心地がヴェネツィアからアムステルダムへ、アムステルダムからロンドンへと移り、優れた簿記書もこれらの都市で展開して行くという論理、すなわち、点から点への移動である」[19]。

「奇貨として」とはどういうことか。

通説は、イギリスが「ネーデルラントに代わって、世界経済のヘゲモニーをとった」から「経済繁栄中心の移動＝簿記・会計革新地の移動」とみているのではなく、「経済繁栄中心の移動＝簿記・会計革新地の移動」とみるから「簿記・会計革新地」について「アムステルダムからロンドンへと移り」とみているのではないか。

---

16 橋本武久「簿記・会計の歴史性について」『産業経理』第七一巻第四号、二〇一一年、六二頁。
17 同右、六四頁。
18 同右、六五頁。
19 同右、六五頁。

さらにまた、橋本は、経済史家レオス・ミュラー（Leos Müller）の論攷からの引用を交えつつ、通説批判を続ける。

「しかしながら最近の経済史の研究では、ことはそう直線的かつ単純ではないとされる。……アムステルダムからは北ヨーロッパに移住した人が多く……当時のネーデルラントとスウェーデンの関係については、経済史の面からは次のような点が指摘されている」[20]。

「「……私（ミュラー）は別の観点から、スウェーデン国家が外国――特にオランダ――の制度を真似たと指摘したい。それは勅許会社から銀行、領事制度にまで及んだ」（以上がミュラーの論攷からの引用）。つまり、北方の軍事大国であったスウェーデンもまた、ネーデルラントを手本にその制度を整えていったのである」[21]。

「この時代のネーデルラントは、イギリスだけに多大な影響を与えていたのではなく、その東方や北方の諸国にも大きな影響を与えていたということである」[22]。

「すなわち、簿記・会計の通史の上では、簿記という技術もしくは知識の体系が、単に本国と在外支店の間の取引を通じて伝播したのではなく、その商業とそれを取り巻く人々そのものの移動によって伝播していったということ、また、この時代のネーデルラントの簿記・会計を考える上では、商業取引だけが簿記を伝播させる要因ではなく、国家管理、特に財政運営上の重要性からもその存在意義が認められていたということである」[23]。

しかし、どうしてネーデルラントからの移民の存在やネーデルラントから受けた影響の大きさをもって「すなわち」といえるのか。どうして「簿記・会計」についても、スウェーデンがネーデルラントから大きな影響を受けたといえるのか。少なくとも橋本の論攷による限りは得心することができない。

ただし、ミュラーや橋本の論攷（それぞれ二〇〇五年、二〇一二年に公表されている）[24]に

20　同右、六五頁。
21　同右、六五頁。
22　同右、六五頁。
23　同右、六五〜六六頁。
24　橋本によって引用されたミュラーの論攷「「大国時代」のオランダの企業家ネットワークとスウェーデン」の初出は二〇〇五年刊の Hanno Brand（ed.）, *Trade, Diplomacy and Cultural Exchange: Continuity and Change in the North Sea Area and the Baltic, c. 1350–1750*（レオス・

よるまでもなく、O・テン・ハーベ（O. ten Have）の会計史の書（一九七三年）に既に「オランダと多くの接触をもっていたスウェーデンにも彼（後出の簿記文献の著者シモン・ステビン）の影響力は及んだ。例えば、〔スウェーデンの〕銅鉱山や大砲鋳造業者はアムステルダムの商人達の財政援助を多少受けていた。オランダ語による数巻の帳簿が残されているほど、オランダ人商人や会計人達の影響力が強かった。……レイデン生まれのアムステルダムの商人、オランダ商人・会計士の、カビルヤオはスウェーデンの拡張期に滞在し、スウェーデンの政府管理を複記入システムに替える改組をした。スウェーデンの数都市ではその例、例えば一六四三年のストックホルムのように続いた」[25]と述べられている。

それにまた、通説は、橋本の解釈によれば、「イギリスだけに」とか、「単に本国と在外支店の間の取引を通じて伝播した」とか、「商業取引だけが簿記を伝播させる要因」などと主張しているようだが、そのようなことはないのではないか。

「株式会社の出現が期間損益計算思考を招来したとする説が通説とされている。具体的には、ネーデルラントにおいては一六世紀にアントワープに常設的な取引所が設立されたことにより商業活動は継続性を得た。そして、一七世紀に入って一六〇二年連合東インド会社が成立し、ここに世界初の株式会社が発生したのである」[26][27]。

「そしてこれを受けて、簿記および会計にも革新が生まれ、それは、簿記書の記述に反映したとされる。すなわち、前者においてはJan Ympyn（ジャン・イムピン）が「売残商品勘定」を考案し、後者においてはSimon Stevin（シモン・ステビン）が一年を一会計期間とする例示や、状態表および状態証明表を用いた期間損益計算を

ミュラー／玉木俊明、根本聡、入江幸二（訳）『近世スウェーデンの貿易と商人』二〇〇六年、七頁）。

25 O・テン・ハーヴェ／三代川正秀（訳）『新訳　会計史』二〇〇一年、八八頁（（　）書きは原文）。

26 橋本武久「イタリア式簿記と株式会社——日記帳の位置付けによせて」『會計』第一八八巻第六号、二〇一五年、五九～六〇頁。

27 なお、筆者（友岡）は東インド会社をもって「世界初の株式会社」とはみない。「多くの先行研究においては、全社員の有限責任制の確立を株式会社成立の必須要件と捉え、株式会社への転換を画するメルクマールになると論じている」（杉田武志「株式会社会計の起源——イギリス東インド会社と南海会社」中野常男、清水泰洋（編著）『近代会計史入門』二〇一四年、一五七頁）が筆者はそのようには考えない。これについては第三章ないし、友岡賛『株式会社とは何か』一九九八年、を参照。

唱道したとされ、これが概ね通説であろう」[28][29]。

「ただし、以前より筆者（橋本）はこの通説にいくつかの疑問と改善の余地を見出しており」[30]として図表1[31]と図表2[32]を示す橋本いわく、「一七世紀ネーデルラントの会計史上の重要性は……期間損益計算の確立ではなく、株主資本概念の確立である」[33]。

さて、どうしたものか。

第一節において述べられたように、会計史は「本格的な研究の蓄積を踏まえ、体系性をもった通史が書かれる」という③の段階に至っており、また、「緒言」に述べられたように、筆者（友岡）が前の通史を書いてから一〇年が経ち、すなわち、一〇年分の「本格的な研究の蓄積」があるに相違ない。

というわけで、既出の橋本の研究を含む諸会計史家の「研究の蓄積を踏まえ」、改めるべきところは改めつつ、しかし、守

図表1　通説におけるネーデルラント会計史の構図

	経済上の出来事	左記の出来事の含意	会計上の論点	代表的な論者
16世紀後半	常設的な取引所の設置	商取引の経常化・常態化	売残商品の認識	Jan Ympyn
17世紀前半	連合東インド会社の成立	継続企業の出現	期間計算の成立	Simon Stevin

る（?）べきところは守りつつ、筆を進めたい。

ところで、この節では一四・一五世紀イタリアをもって起点とすることが前提であるかのような述べ方をしたが、起点についても種々の選択肢がある。

---

28 橋本「イタリア式簿記と株式会社」六〇頁。
29 この件の注記（同右、六七頁）には「通説」の例として、友岡『会計の時代だ』九六頁、からの引用があり、ちなみにまた、橋本武久は著書にも同じ引用があり、「同書（友岡『会計の時代だ』）がとる構図は……これが今日の通説といえる」（橋本武久『ネーデルラント簿記史論——Simon Stevin簿記論研究』二〇〇八年、一〇頁）としている。
30 橋本「イタリア式簿記と株式会社」六〇頁。
31 橋本『ネーデルラント簿記史論』一一頁。
32 橋本「イタリア式簿記と株式会社」六〇頁。
33 同右、六七頁。

図表2　橋本説におけるネーデルラント会計史の構図

	経済上の出来事	左記の出来事の含意	会計上の論点	代表的な論者
16世紀後半	常設的な取引所の設置	商取引の経常化・常態化	売残商品の認識	Jan Ympyn
17世紀前半	連合東インド会社の成立	継続企業の出現	期間計算の必要性の招来	Simon Stevin
17世紀後半	株式会社の常態化	株主の権利の覚醒	株主資本概念の必要性の惹起	Willem van Gezel

さて、どこから始めようか。会計の歴史はどこから説き起こしたらよいのか。いや、どこからがよい、というものではなく、歴史には種々の書き方があり、したがって、種々の起点があるだろう。例えば古代シュメールのトークンの話もあれば、封建社会における荘園経営の話もあれば、簿記ないし複式簿記の起源の話もあるだろう。

第四節　会計史の起点

トークン

考古学者デニス・シュマント‐ベスラ（Denise Schmandt-Besserat）はトークンをもって「世界最古の会計記録」[34]とする。

「一九五〇年代、六〇年代を通じて、古代シュメールの都市で発掘を続けていた考古学者たちは、さまざまな幾何学的な形をした土製の物体を発見していた。そのなかには、円柱形のものもあれば、円盤、円錐、球形のものもあり、発掘された地層は紀元前八千年にまで遡った」[35]。「その小さな土の人工物に興味を惹かれた……彼女（シュマント‐ベスラ）はそれを「トークン」と呼んだ」[36]。

「楔形文字の直接の先祖はトークン・システムであった。トークンとは、いろいろな形をした小さな粘土製の計算具で、近東の先史時代に物を数えたり会計管理をするのに用いられた」[37]。

「これら円錐形、球形、円盤形、円筒形、その他さまざまな形をした小さな粘土製品は、先史時代の近東でカウンター、すなわち計算具としての役割を果たしたが、その起源は前八、〇〇〇年頃から始まる新石器時代にまで遡ることができる。それらは、最初は農産物の管理、ついで都市時代には用途が拡大して、工房で作り出された製品の管理など、経済上の必要に応えるために進化した。トークンの発展は、社会構造の発展と結びついており、集団の指導者の出現とともに始まり、その進化

34 マイク・ブルースター／友岡賛（監訳）、山内あゆ子（訳）『会計破綻――会計プロフェッションの背信』二〇〇四年、三三二頁。

35 同右、三三〇頁。

36 同右、三三一頁。

37 デニス・シュマント＝ベッセラ／小口好昭、中田一郎（訳）『文字はこうして生まれた』二〇〇八年、一頁。

は国家の形成で頂点に達した」[38]。

「また、官僚制が整備されるにしたがい、トークンの保管方法もさまざまに考案された。保管の一つの方法は、粘土の封球、すなわち中空の粘土球を使用する方法で、その中にトークンを入れて封印した。この封球の欠点は、中に入ったトークンが見えなくなってしまうことである。会計担当者は、この問題を、トークンを封球の中に入れる前にそれらを封球表面に押し付けて印影を残すことで、最終的に解決した。品物の単位数は、それに相当する数の押印マークによって引き続き表現されていた。……トークンに代えて記号を使用したことが、文字への第一歩である。前四千年紀の会計担当者はやがて、封球の表面に押印マークがあるのだから、封球に収められたトークン自体は不要であると気づいた。その結果、中にトークンが入った中空の封球に代わって、粘土板……が用いられるようになる。これらのマークは次第に発展して、押印マークに加えて、先の尖った筆記具で線描された、より判読しやすい記号をも含むようになり、独自のシステムとなった。……この研究で私（シュマント - ベスラ）を非常に魅了したのは、トークン・システムが抽象的な数が発明される以前の古拙な「具象的」計算法を反映しているという事実であった。「一」や「一〇」を表すトークンはない。……一壺の油は卵型トークン一個で、二壺の油は卵型トークン二個で、表されたのである。この発見は重要なことを導き出している。すなわち、文字は官僚制という新たな要請から生まれたというだけではなく、抽象的計算法が編み出された結果として文字が誕生したという点である。これまで仮定されてきたように、計算が文字から生まれたのではなく、逆に文字が計算から生まれたという最も重要な証拠が明らかになったのである」[39]。

このシュマント‐ベスラ「の主張の最大の特徴は、これら最初期の会計記録手段である「トークン」が、楔形文字へと展開していったという点、つまり、会計記録が文字を誕生させたという点にある」[40]。

38　同右、七頁。

39　デニス・シュマント＝ベッセラ／小口好昭、中田一郎（訳）『文字はこうして生まれた』二〇〇八年、七〜八頁。

40　工藤栄一郎『会計記録の研究』二〇一五年、六頁。

荘園経営

荘園には第二節に示された②の定義における「財産管理行為に関する委託・受託の関係」と同様の関係をみることができる。

「荘園は中世におけるイギリスの農場であり工場でもあった。イギリスの荘園会計は、自給自足の経済エンティティの収入・支出を記述したので、外部者との取引の成果は、勘定書に「外務」と記していた。荘園生活の他の特徴は、代理人による管理であった。荘園の公爵や伯爵の生計は、広大な所有地の生産力に依存しており、自己が直接監視することが不可能である多数の人々の努力に負うところが多大であった。日常の管理は通常、吏員及び各部門の責任者の階層組織に委ねられていたのである。記帳への領主の誘因は、これらsteward（荘園役人）の誠実性と信頼性を調査し、損失及び窃盗を予防し、さらにその効率を高めるための必要性から生じたのである。steward側の見地からすれば、会計記録は、自己が誠実かつ十分に義務を履行したことの証拠となったのであった」[41]。

この引用においては「代理人」という概念が用いられているが、「代理人」は「本人」

と対《つい》の概念であって、本人に代わってことを行う者、を意味しており、また、「本人」と「代理人」はそれぞれ「委託者」と「受託者」と換言することもできるだろう。敷衍すれば、この場合には、荘園の所有者（領主）本人の代理人として荘園役人（steward）が荘園経営を行う、という関係にあり、これは、財産（荘園）の所有者本人の代理人として荘園役人が財産管理（荘園経営）を行う、ということであって、すなわち「財産管理行為に関する委託・受託の関係」と同様の関係といえるだろう。

そして、こうした関係において作成されていた「charge and discharge statement（責任負担・責任解除計算書）は、責任の受託と履行に関する代理人の報告書で……stewardは荘園収入及び外務収入や家畜等の自然増加を「charge（責任負担項目）」、現金支出、損失、及びこれらの資源のその他の使用を「discharge（責任解除項目）」とし」[42]、両者の差額として領主に納入すべき金額が算定された[43]のであって、ここには第二節に示された②の定義の「会計」についてその原初的な形態の一つをみることができる。

41　チャットフィールド／津田正晃、加藤順介（訳）『会計思想史』一九七八年、三〇頁。

42　同右、三一頁。

43　詳細は、友岡『歴史にふれる会計学』四一～四三頁、をみよ。

複式簿記

複式簿記とは何か。

一般に「複式簿記」という概念は「単式簿記」という概念とvs.の関係にあり、別言すれば、一般に簿記には単式簿記と複式簿記があるとされる。

単式簿記とは何か。

ただし、単式簿記についても、複式簿記についても、遍く認められた一義的な定義があるわけではなく、したがってまた、両者の関係についても、その捉え方は一様ではない。

というわけで、じっくりと整理して考えてみるため、章を改めて取り上げたい。

第一章

複式簿記

第一節　単式簿記と複式簿記

簿記とは何か

この節のタイトルはとりあえずは「単式簿記と複式簿記」としたが、後述されるように、逆に「複式簿記と単式簿記」とすべきと考える立場、すなわち、複式簿記があって単式簿記がある、といったように捉える立場もある。

それはさて措き、まず簿記とは何か。

簿記にはさまざまな定義がある[1]が、ここでは簿記を記録と捉える場合の定義の一例を示しておこう。

○簿記とは、財産の在り高と増減を貨幣数値をもって記録する行為、である。

これに目的への言及を加えると、例えば次のようになる。

○簿記とは、財産を管理するために、その在り高と増減を貨幣数値をもって記録する行為、である。

さて、既述のように、一般に簿記には単式簿記と複式簿記があるとされるが、この両者の捉え方には大別二通りのものがある。

単式簿記に関する通説

一般に「単式簿記」という呼称は「複式簿記」という呼称とvs.の関係にあるものとして用いられるが、この「単式簿記」については「複式簿記以外の不完全な簿記を意味する」とか、「非体系的な簿記の総称」などと説明される。

すなわち、結局のところ、簿記には単式簿記と複式簿記があって、単式簿記は複式簿記以外のものである、といった程度の、およそ定義などとはいえないような定義（？）があるだけ[2]であって、別言すれば、まずは複式簿記の定義ありき、ということになるが、し

1　友岡賛『会計学の基本問題』二〇一六年、八三～八五頁。

2　とはいえ、定義はある。「単式簿記」、そして「複式簿記」の一般的な定義については、友岡賛『会計と会計学のレーゾン・デートル』二〇一八年、第一一章、をみよ。

かし、それでは複式簿記とは何か、ということがまたなかなかに難しく、複式簿記の本質論とでもいうべきものには多様な説がある。

とはいえ、さしあたり確認することができるのは、単式簿記は不完全ないし非体系的な簿記であり、これとvs.の関係にある複式簿記は、したがって、完全ないし体系的な簿記である、ということであって、また、こうした捉え方から導かれる歴史的な移行のプロセスは次のような進化のプロセスとして捉えられる。

単式簿記	不完全な簿記
↓	↓
複式簿記	完全な簿記

例えば橋本寿哉いわく、「単式簿記による単純な記録方法から複式簿記への飛躍は……」[3]。

なお、こうした通説にあっては、いうまでもなく、簿記の成立と複式簿記の成立は決して同じではないが、どうしてここで「簿記の成立≠複式簿記の成立」などという自明なことに言及するのかといえば、次に述べられる説においては「簿記の成立＝複式簿記の成立」となるからである。

単式簿記に関する渡邉説

渡邉泉の説における歴史的な移行のプロセスはまずは次のように示すことができる。

複式簿記	完全な簿記
↑	↑
複式簿記	完全な簿記
＋	＋
単式簿記	簡便な簿記

すなわち、この渡邉説は、単式簿記が進化して複式簿記になった、とする通説とは違い、複式簿記が簡便化されて単式簿記がもたらされた、とし、また、そうした渡邉の記述には

3　橋本寿哉『中世イタリア複式簿記生成史』二〇〇九年、一三頁。

「簿記」と「複式簿記」が同義に用いられている場合が散見され[4]、したがって、前述のように、「簿記の成立＝複式簿記の成立」ということになる。

事実、渡邉は「簿記は、その誕生当初から、取引を二面的に捉える資本計算（損益計算）の技法として機能していた。逆説的に言えば、取引を二面的に捉える損益計算の技法を簿記と定義づけていることになる」と述べているが、しかしながら、これを裏付けるものを示すことはなく、「定義づけていることになる」[5]といわれても、これを承服することは難しい。

この「簿記の成立＝複式簿記の成立」に対する疑義はさて措き、渡邉説を敷衍すれば、けだし、この説においては、複式簿記（完全な簿記）に非《あら》ずんば簿記に非ず、であって、したがって、通説における単式簿記（不完全な簿記）は簿記ではなく、したがって、それが「単式簿記」と称されることはなく、そうした渡邉説における単式簿記は通説におけるそれとは別物ということである[6]。

渡邉いわく、「簿記は、複式簿記として歴史の舞台に登場し、決して単式簿記として誕生した訳ではない。結論的には、単式簿記から複式簿記が生み出されたのではなく、後になって複式簿記からその簡便法として単式簿記が考案されたのである」[7]。

なお、そうした渡邉によれば、単式簿記の誕生は次のように一八世紀後半のこととされる。

「一三世紀の初めに複式簿記は、商業資本の勃興と共に、企業簿記として誕生した。時移り、一八世紀後半のロンドンで、複式簿記の簡便法としての略式簿記、すなわち単式簿記が当時の小規模な小売商やアカデミーやグラマー・スクールの簿記の教

4 友岡『会計学の基本問題』八七〜八八頁。

5 渡邉泉『帳簿が語る歴史の真実――通説という名の誤り』二〇一六年、一〇五頁（（ ）書きは原文）。

6 ただし、筆者はつとに「従来の「単式簿記」概念と渡邉の用いる「単式簿記」概念は決して同じものではなく、そうした意味において渡邉の通説批判はナンセンスというよりほかない」（友岡賛「単式簿記と複式簿記・再論――会計学の基本問題（七）」『三田商学研究』第五八巻第五号、二〇一五年、六頁（圏点は原文））としており、また、例えば大石桂一も「複式簿記以前の、たとえば単に現金収支を記録するシステムは「簿記」とは呼ばないとする著者（渡邉）の立場には若干の疑問を感じる。複式簿記より前には「〇〇式簿記」は存在しないとすれば、史実の問題というよりも、定義の違いで通説を批判しているともいえるからである」（大石桂一「渡邉泉著『帳簿が語る歴史の真実　通説という名の誤り』」『企業会計』第六八巻第五号、二〇一六年、一四二頁）としている。

7 渡邉『帳簿が語る歴史の真実』一〇五〜一〇六頁。

師のために考案される」[8]。

しかし、ちなみに、ドイツにあっては一八世紀前半に「単式簿記」という語が表題に記された書をみることができる。

複式簿記の生成の地イタリアとドイツの関係について片岡泰彦と土方久は次のように述べている。

「ドイツが、複式簿記生成の地であるイタリアと商業上の交流を始めたのは、一三世紀の時代であった。……南ドイツの商人にとって、当時（一四～一五世紀）のヴェネツィアは、商業修業の地であり、複式簿記の技術を習得する場所でもあった」[9]。

「当時のヴェネツィアでは、後世、「会計学の父」と呼ばれるPaciolo（ルカ・パチョーリ）が『スムマ』を一四九四年に出版したのである。この『スムマ』に収録された「簿記論」は、世界最初の出版された複式簿記文献として有名である。一六世紀になると、ドイツでは、このPacioloの「簿記論」の影響を受けない簿記文献と、Pacioloの「簿記論」の影響を受けた簿記文献が出版され始める」[10]。

「Pacioloによって出版される印刷本を原型とする「イタリア簿記」がドイツに移入されるのは、Pacioloによって出版されてから約半世紀も後の一五四九年のことである。Schweicker,Wolffgang（ウォルフガング・シュバイケル）によって出版される印刷本『複式簿記』、まさに標題自体が正鵠を得る印刷本によってである」[11]。

そして、土方によれば、「ドイツでは、一八世紀の前半に……「単式簿記」と「複式簿記」を標題に併記する印刷本が」[12]あったとされる。この「単式（einfachen）簿記」[13]は何か。

8　同右、一一〇頁。
9　片岡泰彦「複式簿記の生成・発展と「パチョーリ簿記論」への展開」千葉準一、中野常男（責任編集）『体系現代会計学［第八巻］会計と会計学の歴史』二〇一二年、六五頁。
10　片岡泰彦「ドイツ式簿記とイタリア式簿記――フッガー家の会計制度と一六～一九世紀のドイツ簿記書」中野常男、清水泰洋（編著）『近代会計史入門』二〇一四年、四七頁。
11　土方久『複式簿記会計の歴史と論理――ドイツ簿記の一六世紀から複式簿記会計への進化』二〇〇八年、一二頁。
12　同右、三八六～三八七頁。
13　Institute of Chartered Accountants in England and Wales, *Historical Accounting Literature : A Catalogue of the Collection of Early Works on Book-keeping and Accounting in the Library of*

通説と渡邉説の整理

さて、ドイツの話はさて措き、以上の二説からのいいとこ取りを試みれば、通説の「単式簿記」は、既述のように、「複式簿記以外の不完全な簿記を意味する」とされ、これは「以外」ということから積極的な定義をもたず、そうした意味において、積極的に用いる意義に乏しく、他方、複式簿記に非ずんば簿記に非ず、という立場もまた、既述のように、これを裏付けるものが示されておらず、［簿記＝複式簿記］とすることには（しからば「複式簿記」の概念は不要ではないか、という）疑義が生じ、結局、次のように整理される。

？	不完全な簿記
←	←
複式簿記	完全な簿記
←	←
複式簿記	完全な簿記
＋	＋
単式簿記	簡便な簿記

なお、渡邉説においては存在しない［？］には「不完全簿記」といった類いのもの以外には適当な名称がなさそうだが、そもそも、不完全な○○は○○ではない、といった捉え

方もできるだろうし、そうした捉え方をした場合、この［?·］に「簿記」の名を附すことはできないだろう。
なお、［?·］について渡邉は「今日一般に理解されているいわゆる現金収支簿記で代表される単なる現金管理のための記録」[14]とか、「一般的に言われる現金収支を記録した記帳法」[15]といった捉え方をした上でもって次のように述べている。

「複式簿記の成立前に単に現金の収支を記録した記録システムは、何と呼び、簿記との関係をどのように理解すれば良いのであろうか。……われわれは……単なる現金の収支記録を簿記とは呼んでいない。敢えて呼ぶとすれば、そのような記録は、簿記ではなく「現金収支記録」である。現金の収支記録は……貨幣の出現と共に誕生したと言っても過言ではない。そのような貨幣ないしは現金の収支記録は、決し

---

the Institute of Chartered Accountants in England and Wales, Together with a Bibliography of Literature on the Subject Published before 1750 and not in the Institute Library, 1975, p. 26.

14 渡邉『帳簿が語る歴史の真実』、一一三頁。

15 同右、一二五頁。

て、複式簿記でもなければ単式簿記でもない」[16]。

どうして「簿記」と呼ぶことができないのか。また、つとに行われていた金融取引についてなされる債権・債務だけを対象とする備忘的な記録はこれも「簿記」と呼ぶことはできないのか。

筆者はこうした不完全な簿記を「(不完全な)簿記」と呼ぶ。不完全な○○は○○ではない、といった捉え方によれば、不完全な簿記は簿記ではなく、したがって、「?」については「不完全な複式簿記」という概念をもって、複式簿記としては不完全だが、簿記ではある、というカテゴリーを扱うべきかもしれないが、部分的にすら複式記入が行われていない簿記を考えた場合、それを「不完全な複式簿記」と呼ぶには無理があるだろう。

また、渡邉は「単式簿記は複式簿記の略式簿記」[17]としつつ、「ではなぜ、このような複式による記帳システムが単式と呼ばれたのかについては、理解に苦しむところである」[18]としており、したがって、「単式簿記」という名称が実在することはさて措けば、次のような捉え方が適当かもしれない。

？	→	複式簿記	→	複式簿記＋略式複式簿記
不完全な簿記	→	完全な簿記	→	完全な簿記＋簡便な簿記

というわけで、不完全な簿記が進化して複式簿記という完全な簿記となり、その後、複式簿記が簡便化されて略式複式簿記がもたらされ、これが複式簿記と並存するに至った、ということになる[19]。

16　同右、一二五頁。
17　同右、一一一頁。
18　同右、一一二頁。
19　渡邊説についてはさらに、友岡『会計と会計学のレーゾン・デートル』第一章、第一一章、をみよ。

西谷説

渡邉説に加えて、会計処理（会計情報の作成）における裁量の問題を云々する西谷順平のユニークな説にも言及しておきたい。

「会計情報の中核をなすのは、経営活動の実体そのものともいえるキャッシュフローについての財務情報である」[20]とする西谷は「取引データからキャッシュフローの動きだけを忠実に追って情報を作成する」[21]ものを単式簿記と捉え、これと複式簿記の異同について次のように述べている。

> 「そこでは、単式簿記とは異なり、売上や資本といった抽象的な勘定科目が導入され、キャッシュフローではない実在的な財についても金銭評価された上で会計情報に統合される。よって、この複式簿記から生み出される会計情報は、単式簿記と同じくキャッシュフローにアンカリングされてはいるものの、繰延べや見越しといったキャッシュフローの並べかえ操作も含めて、そこには会計情報作成に裁量の余地が生まれることになる」[22]。
>
> 「ここでの「キャッシュフローにアンカリングされている」とは、会計処理される対象が、会計主体の設立から解散までの実際キャッシュフローと、誤記入などを除

いてすべて直接的あるいは間接的に紐付けられていることをいう。単式簿記の場合には、実際キャッシュフローと会計処理される対象の間に、すべて一対一の直接的な関係がある」[23]。

他方、「利害関係者間での説明行為こそに会計の原点がある」[24]とする西谷は複式簿記前、史について次のように述べている。

「そういった説明行為が必要とされるのは、市場が発達するまでは、委託・受託関係の間柄ということになろう。とくに会計として想定しているのは、財産の管理をめぐる場面であると考えられる。……そのような関係性は……おそらく人間の文明

20 西谷順平『保守主義のジレンマ——会計基礎概念の内部化』二〇一六年、一八頁。
21 同右、一八頁。
22 同右、一九頁（圏点は原文）。
23 同右、一九頁。
24 同右、四二頁。

誕生の頃まで遡ることができると考えられる。もっとも、その頃ではまだ、いわゆる会計情報の主な材料となるキャッシュフローがそもそも存在していないだろう。貨幣の誕生がいかに古くとも、文明の誕生そのものよりは遅れると考えられるからである」[25]。

「その点では、複式簿記前史というのは、単式簿記の時代というよりは、むしろ、非複式簿記の時代というべきかもしれない。いずれにせよ、この時代では、会計情報に裁量を与える余地はなく、単式簿記と同様に、正確な事実の直接的記録こそが会計実務としての役割だったと思われる」[26]。

一見、渡邉説と同様、「単式簿記→複式簿記」を否定しているようだが、しかし、趣旨はまったく違う。「単式簿記」に貨幣の存在を前提とした明確な定義を与え、また、貨幣のない時代を、したがって、単式簿記もない時代と捉え、しかし、会計はあった、と考えている[27]。

第二節　複式簿記

取引の二面性と複式記入

話が相前後するような気もしなくもないが、さて、複式簿記とは何か。

複式簿記は英語では「ダブル‐エントリー・ブックキーピング（double-entry bookkeeping）」といい、ダブル‐エントリーは複式記入、ブックキーピングは簿記だから、文字通りいえば、複式記入による簿記、ということになる。

では、**複式記入**とは何か。

一言でいえば、取引を二面的に把握した形でもって（帳簿に）書き入れることである。そして、ここにおける取引、すなわち会計における**取引**とは、簡単にいってしまえば、財産の増減をもたらす事象、のことであって、そうした取引はそもそれ自体に**二面性**が

25　同右、四二頁。
26　同右、四二頁。
27　序章、注記10をみよ。

あるとされる。

例えば土地を購入した場合には、購入代金が支払われるとともに、その土地が所有物になる。すなわち、この取引は、現金という財産の減少、および、土地という財産の増加、の二つをもたらす二面的な事象として把握される。

また、例えば人にカネを貸した場合には、それだけのカネが借り手の手に渡るとともに、貸付金という債権が生ずる。すなわち、この取引は、現金という財産の減少、および、貸付金という財産の増加、の二つをもたらす二面的な事象として把握される。

このように、取引というものを二つに分解して行われる記入が複式記入だが、こうした複式記入の成立は、勘定の生成、という面から捉えられる。

すなわち、簿記において資産などの増減などを記すための細分された単位を「**勘定**（account）」というが、この勘定というものは、**図表3**に示されるように、**実在勘定**というものと**名目勘定**というものに大別され、また、実在勘定は**人名勘定**というものと**物財勘定**というものに分けられる[28]。そして、歴史的にいえば、これらは［実在勘定→名目勘定］の順に生成したとされ、細かくいえば、［①人名勘定→②物財勘定→③名目勘定］の順に生成したとされる。

人名勘定は、要するに、債権・債務の勘定であり、つまり、「○○さんにXX円を貸した」や「□□さんにXX円を借りた」といった記録をするために○○勘定や□□勘定を設けるということである[29]。

そして、簿記は**債権の備忘記録**から始まった、とされる。

この債権の備忘記録とは、つまり、人にカネを貸した場合に、そのことを忘れてしまわないように「○○さんにXX円を貸した」と記録しておく、ということである。これは貸し手としては当然に行うべきことであって、また、カネ貸しという行為は古くから行われ

28　実在勘定は、その名の通り、実在するものを記録する勘定だが、この実在するものには形のない（目にみえない）権利や義務など（例えば債権や債務など）も含まれる。また、物財勘定は債権・債務以外の実在するものを記録する勘定である。

なお、人名勘定、名目勘定については後述。

29　かつて設けられていたのは、このように、相手の名前を付けた勘定であって、それゆえ、これは「人名勘定」と呼ばれるが、のちには、相手を問わず、すべての貸付金を記録する貸付金勘定や、相手を問わず、すべての借入金を記録する借入金勘定が設けられるようになる。

図表3　勘定の分類と生成順序

勘定
- 実在勘定
  - ①人名勘定
  - ②物財勘定（例：現金勘定，土地勘定）
- ↓
- ③名目勘定（例：受取利息勘定，賃金勘定）

ていたために、こうした記録も古くから行われていた、ということである。
そうした意味において、まずもって生成をみたのは人名勘定だった。

（なお、他方、人にカネを借りた場合に、そのことを忘れてしまわないように「□□さんにXX円を借りた」と記録しておく、という債務の備忘記録も、借り手として当然に行うべきことかどうか、また、古くから行われていたかどうか。これについては何ともいえない。）

また、名目勘定は、要するに、収益・費用の勘定であって、資産などの増減の**原因**を示すものとされるが、複式記入はこの名目勘定の生成をもって成立した、別言すれば、**名目勘定の生成によってすべての取引を二面的に把握することができるようになった**、とされる。

すなわち、前述の人にカネを貸した場合や土地を購入した場合は人名勘定（貸付金勘定）や現金勘定や土地勘定といった実在勘定だけで二面的に把握することができるが、例えば使用人に賃金を支払ったという取引は、実在勘定では、現金という資産の減少という面しか把握されない。

そこで賃金勘定という名目勘定が用いられる。賃金は費用で、費用の勘定は資産の減少の原因（ないし負債の増加の原因）を示す。名目勘定を用いることによって、現金という資産の減少、および、その原因としての賃金の支払い、という二面的な把握ができるようになる、というわけである。

このような名目勘定が生成し、複式記入が成立し、複式簿記が成立したのは中世イタリアにおいてのことだった。

ただし、しかしながら、複式記入がなされていることだけをもってそれを「複式簿記」と呼ぶか、というと、種々の説はあるものの、一般的には必ずしもそうではない。

すなわち、この「複式簿記」という呼称は単なる、複式記入による簿記、を意味するのではなくして、或る目的をもって体系的に行われる記録ないしそのシステム、を意味するものとして用いられているのである。

第一節に述べられたように、簿記はこれを記録として捉えることができ、少し附言すれば、財産に関する記録、ということができるが、財産に関する何を記録するのか、というところに、これも第一節に述べられた「財産を管理するために」という目的が出てくる。

そして、この目的をもって、何を記録するのか、といえば、それは、財産の在り高と増減、である。どれだけの財産があるかを記録し、それがどれだけ増減したかを記録するのである。

そして、大雑把に換言すれば、これは、資本と利益に関する記録、ということになる。

元々どれだけの財産があるか（あったか）という意味における元々の財産は元手、すなわち資本であって、それが増えたならば、増えた分は儲け、すなわち利益（減った場合には損失）ということになる。

あらましこうした意味における資本と利益を対象として体系的（システマティック）に行われる記録ないしそのシステム、これが複式簿記なのである。そしてまた、複式記入はその必要条件なのである。前述のように、財産の増減をもたらすものは取引であって、その取引には二面性という属性があるからである。

なお、取引の二面性は渡邉説においても強調される。

渡邉は「取引の二面性は等価交換の結果」[30]とし、「この二面性にこそ、歴史的には、企業簿記が単式簿記ではなく複式簿記として最初に誕生する根源的で現実的な根拠を求めることができる」[31]として次のように続けている。

「交換取引は、売手と買手の同一金額による両面からの記録、すなわち複式によって記録されることになる。後世、この複式による記録をより分かりやすくかつ簡単にするために、略式の記録方法が考案される。これが単式簿記である。したがって、取引を記録するための手段としての簿記は、先ず、複式簿記として成立したといえる」[32]。

［単式簿記→複式簿記］という「会計学という研究領域において大手を振って歩いてきた通説の誤り」[33]を正すことに躍起の渡邉は［複式簿記→単式簿記］に固執し、たとえ［?（不完全な簿記）→複式簿記→単式簿記］としても「通説の誤り」を正すことはできるにもかかわらず、複式簿記の前に簿記（不完全な簿記）の存在を認めない。

閑話休題。結局のところ、**取引のもつ二面性ゆえの複式記入を不可欠の要素とする資本と利益の記録システム**、これが複式簿記なのである。

---

30 渡邉『帳簿が語る歴史の真実』一〇六頁。
31 同右、一〇六頁。
32 同右、一〇六頁。
33 同右、ii頁。

複式簿記の要件

例えばR・ド・ルーバー（R. De Roover）は「左右相称形式の採用は必ずしもその帳簿が複式であることを意味するものではない。実のところ、形式はあまり重要ではなく、しかし、複式であるためにはいくつかの要件を完全に充たさなければならない」[34]として次の三要件を挙げている。

①取引が貸借二面的に記録され、合計額が貸借一致すること
②実在勘定と、費用勘定や資本勘定を含む名目勘定をもって構成される完全な勘定体系が存在すること
③記録にもとづいて包括的な財務表ないし残高表が作成され、それをもって資産および負債ならびに損益が示されること[35]

第三節　複式簿記の起源

起源論

既述のように、複式簿記の生成の地はイタリアとされ、「中世後期のイタリアで生成し

たとされる複式簿記は、生成以来ほとんどその基本的な構造に変更が加えられていない。生成時より完結性と普遍性をもった完全体系として、長きにわたって実務において用いられ続けてきた」[36]とされているが、その起点については議論がある。

これは、イタリアといっても、そのなかのどこか、という議論であって、これが「起源論」の名をもって行われ、例えば次のような諸説が示されてきていた。

トスカーナ説

一三世紀初頭のフィレンツェの某両替商の帳簿、あるいは一三世紀末葉ないし一四世紀初頭の同地の某商会の帳簿に依拠してトスカーナ地方に起源を求める。

34 R. De Roover, The Organization of Trade, in M. M. Postan, E. E. Rich, and Edward Miller (eds.), *The Cambridge Economic History of Europe*, Vol. 3 : *Economic Organization and Policies in the Middle Ages*, 1963, p. 92.

35 *Ibid.*, p. 92.

36 橋本『中世イタリア複式簿記生成史』一九頁。

ジェノバ説 一四世紀中葉のジェノバの市庁の財務官の帳簿に依拠して同地に起源を求める。 ロンバルディア説 一四世紀末葉のミラノの某商会の帳簿に依拠してロンバルディア地方に起源を求める。 ベネツィア説 一五世紀前葉のベネツィアの某商会の帳簿に依拠して同地に起源を求める。

起源論の否定

しかしながら、近年、片岡によれば「起源説には、トスカーナ説……同時期説があり、一般には同時期説が正しいと言われている」[37]ともされるようになり、例えば橋本寿哉はこの同時期説について述べる際に次のように従前の起源論の意義に疑問を投げ掛けている。

「イタリアの主要な商業都市は一三世紀から一四世紀にかけて経済的な繁栄を謳歌した。取引量の拡大や取引の複雑化に対応するために会計記録の重要性が高まる中で、各都市において記帳方法が改善、洗練され、遂に複式簿記が完成・生成したと考えられる。各都市における簿記実践には本質的な差異はなかったとすることが妥当であると思われ、現存する史料だけにもとづいて、どの都市のどの年代のどの帳簿をもって複式簿記が生成したかを特定する議論は重要な意味を持たない」[38]。

起源論における説の一つとして提示されたはずのこの同時期説は、しかし、起源論それ自体に対するアンチテーゼだったのかもしれないが、ただし、従前の起源論の意義については筆者もつとに疑義を抱いており、例えば「最古の複式簿記を特定的に確認することは、ある意味においては、それほど有意義なことではないかもしれない」[39]とか、「諸説をみてみたばあいに頭をもたげてくる素朴な疑問がある。それはひとつには、やはり、複式簿記の本質規定をなににおくにせよ、最古の複式簿記の存在を確認するということの意義につ

37 片岡泰彦「複式簿記の誕生とパチョーリ簿記論」平林喜博(編著)『近代会計成立史』二〇〇五年、一九頁。
38 橋本『中世イタリア複式簿記生成史』三三一頁。
39 友岡『歴史にふれる会計学』七二頁。

いての疑問である」[40]などと述べている。
また、同時期説を、（特定の一地域にではなく）諸地域の交流のなかに起源を求める説、と理解する筆者はこの「同時期説」という名称には違和感をもち、これに代えて「諸地域説」という名称を用いている[41]が、ちなみに、片岡と橋本は同時期説について次のように述べている。

「複式簿記は、一三四〇年のジェノヴァの財務帳簿をもって、ひとつの完成を見た。……ただし、この財務帳簿の簿記法が、その後、その他の各都市へ伝えられたわけではない。各都市の商人達は、発展した都市間の情報網の中で、複式簿記を発展させていった。……複式簿記は、ある都市で突然に考えられたものではなく、イタリアの繁栄する都市国家で、徐々に、時間をかけて、同時期に完成されていったのである」[42]。

「複式簿記が最終的に完成されたのは、トスカーナ地方のコンパニーアの実務においてであった[43]が、各都市の個性的な実務は互いに影響を及ぼし合い、複式簿記生成に対してそれぞれ独自の貢献を果たしたと考えられる。従って、複式簿記を生成させた栄誉を、特定の年に与えることは合理的ではなく、イタリア諸都市の実践が総合された結果、複式簿記は生み出されたと考えることができるのである」[44]。

なおまた、前出の西谷は複式簿記の完成について次のようにまとめている。

「ひとことで中世イタリアといっても、年代幅は数百年あり、場所によって経済環境、そして、経営スタイルは異なっていたことが知られている。ルカ・パチョーリ（次節参照）が紹介した複式簿記は、ヴェネツィア式簿記として知られるが、それは海洋都市ヴェネツィアにおいて、航海ごとに損益計算を終了する当座企業の会計

---

40 同右、七四頁。

41 友岡『会計の時代だ』四一、六〇頁。

42 片岡「複式簿記の生成・発展と「パチョーリ簿記論」への展開」四二頁。

43 「一四世紀も終わりを迎えようとした頃、複式簿記の要件を満たす完全複式記帳体系による実務の完成をダディーニ商会においてみることになった」（橋本『中世イタリア複式簿記生成史』二七二頁）。

44 同右、三一八頁。

（第二章第二節参照）を支える技術として発展したものと思われる」[45]。「その一方で、フィレンツェといった内陸都市は、貿易と金融業務によって興隆した。そして、それを支えたのは、現在の会社組織の原始形態ともいえる、コンパニーアという継続性を帯びて発展していった商業組織であった。よって、そこでは現在でいう継続企業の公準（第二章第二節参照）が実質的に満たされていたため、決算が会計情報作成において重要な局面になったと考えられる。……決算というキリが生じると……費用の見越し、繰延べはもちろん、資産や負債の再評価といったことが可能となり……複式簿記という会計情報システムについて、そういった会計技術を体系的に包摂した時点で完成したと見るのであれば、複式簿記はフィレンツェにおいて一五世紀後半頃に完成したと見ることができるようである」[46]。

第四節　ルカ・パチョーリ

ルカ・パチョーリの生涯[47]

第一節の引用文に「当時のヴェネツィアでは、後世、「会計学の父」と呼ばれるPacioloが『スムマ』を一四九四年に出版したのである。この『スムマ』に収録された「簿記論」

は、世界最初の出版された複式簿記文献として有名である」と述べられたルカ・パチョーリ（Luca Pacioli）（姓だけの場合はパチョーロ（Paciolo））は、したがって、ときに「複式簿記の祖」などとも称される。

パチョーロは数学者、そして修道僧でもあった。

一四四五年頃、イタリアはトスカーナのボルゴ・サン・セポルクロに生を享ける。少年時代、見事な遠近法をもって知られる画家にして幾何学者のピエロ・デラ・フランチェスカに数学の手ほどきを受けたパチョーロは一九歳の頃、故郷をあとにしてベネツィアへ出て大商人アントニオ・デ・ロンピアージの子息の家庭教師として生計を立てていたが、そこで商業の実務に触れるかたわら、知名の数学者ドメニコ・ブラガディーノの講義を受け、二六歳にして数学に関する処女作をものするに至っている。

---

45 西谷『保守主義のジレンマ』五一頁。

46 同右、五一～五二頁。

47 泉谷勝美「ルカ・パチョーリに関する若干の問題」『経営経済』第四号、一九六七年、一八五～一九六頁。片岡泰彦『イタリア簿記史論』一九八八年、九九～一四二頁。

その後、ローマへ移ったパチョーロは建築家としても知られる人文主義者にして芸術理論家のレオン・バッティスタ・アルベルティ等の知遇を受け、また、この頃、フランチェスカ派の僧団に入ったらしい。神学、哲学、とりわけ数学の研究に沈潜し、ペルージャ、ローマ、ナポリと、各地において教鞭を執り、また、数学の書を執筆。

一四九四年、ベネツィアにおいて『スムマ』を上梓。

その後、ミラノにおいてレオナルド・ダ・ビンチと親交を結ぶ。ピサ大学、フィレンツェ大学、ボローニャ大学を経て一五一四年にローマ大学の教授職に就く。

一五一七年歿。

『スムマ』

Summa de Arithmetica Geometria Proportioni et Proportionalita、『算術、幾何、比、および比例全書』などと訳されるこの書は一般に『スムマ』（*Summa*）（『全書』）の略称をもって知られる。

この数学の書は第一部第九篇第一一論説において複式簿記を説いており、「計算および記録に関する詳論」と題するこの第一一論説は次のように構成されている。

第一章　善良な商人にとって必要な事柄ならびにベネツィアほかにおける仕訳帳および元帳の記入方法
第二章　財産目録の意義および作成方法
第三章　財産目録の模範例
第四章　善い商人に対する訓戒および助言
第五章　処理の意義および内容ならびに主要な三種類の帳簿
第六章　日記帳という第一の帳簿の意義、記入方法、および記帳係
……
第一〇章　仕訳帳という第二の帳簿の意義および記入方法
第一一章　特にベネツィアにおける仕訳帳上の借方および貸方という用語の意味
第一二章　借方および貸方を伴う仕訳帳の記入方法ならびに元帳上の現金および資本という用語の意味
第一三章　元帳という第三の帳簿の記入方法
第一四章　仕訳帳から元帳への転記方法
第一五章　現金および資本の元帳への記入方法

……

第三六章　商業簿記の記入に関する規制および方法についての要約

財産目録の作成、日記帳、仕訳帳、および元帳における処理、諸勘定の記帳、ならびに帳簿の締め切りなどといった事柄がかなり詳細に解説されている。

そして、この『スムマ』はときに「世界最初の複式簿記書」などとして紹介され、また、著者パチョーロはときに「複式簿記の祖」などとして紹介されるのである。

もっとも、「複式簿記の祖」とも称されるパチョーロは、しかし、彼自身が複式簿記の創始者ではないことはいうまでもなく、また、自らがこの簿記を案出したかのように述べている訳でもない。いわく、「本論説は記帳の方法を説く。……ベネツィアにおいて用いられている方法による。これは種々の方法のなかにあって推奨に値するものである」。

パチョーロの貢献は何か。

会計学界（の一部）ではすこぶる偉人視され、「複式簿記の祖」ばかりか、「近代会計学の父」とすら称され、崇められているパチョーロは、しかし、彼が数学者として大学者だったのか、というと、どうやらそうではなかったらしいが、そうした彼を貶すようなことは筆者の前の通史に散々記した[48]ため、本書においては控える。

なお、岸悦三はパチョーロを「簿記の父」[49]ないし「簿記論の父」[50]と称し、片岡は「会計学の父」[51]ないし「近代会計学の父」[52]と称し、「近代会計学の父」はA・C・リトルトン（A. C. Littleton）の「we look upon……Paciolo as the father of modern accounting」[53]に依拠しているが、リトルトン著の翻訳書においては「近代会計の発足点（father）」[54]と訳されているのに対して、片岡は「リトルトンは、『会計発達史』の中で、パチョーリを近代会計学の父（The Father of modern accounting）と称し、高く評価している」[55]としている。い

48 友岡『歴史にふれる会計学』六一頁。
49 岸悦三『会計前史——パチョーリ簿記論の解明（増補版）』一九九〇年、i頁。
50 同右、七頁。
51 片岡「ドイツ式簿記とイタリア式簿記」四七頁。
52 片岡『イタリア簿記史論』九九頁。
53 A. C. Littleton, *Accounting Evolution to 1900*, 1933, p. 3.
54 リトルトン／片野一郎（訳）、清水宗一（助訳）『会計発達史（増補版）』一九七八年、三頁。
55 片岡「複式簿記の生成・発展と「パチョーリ簿記論」への展開」六九頁（（ ）書きは原文）。

ずれにしても、「簿記論の父」や「会計学の父」や「近代会計学の父」といった称し方にも疑義がないでもない。

パチョーロの貢献、『スムマ』の意義

さて、パチョーロの貢献、『スムマ』の意義は何か。

通説によれば、それは複式簿記の**伝播**にほかならない。

そしてそれは『スムマ』が「**俗語**によって**印刷**された最初の数学書」[56]だったことによっている。

この書が刊行されたのは活版印刷の技術が実用化をみてほどない頃のことだった。ヨハネス・ゲンスフライッシュ・グーテンベルクが特殊な金属の字型をもって活版印刷の技術の実用化に成功したのは一四五〇年前後のこととされ、また、イタリアにおける印刷書の登場は一四七〇年代のこととされており、すなわち、この書はごく初期の印刷書だった。

そして、この書は印刷書だったために（多く作られることができ、したがって）広く読まれることができた。

「イタリアにおける印刷のもっとも活発な中心」[57]だった当時のベネツィアはイタリア、そしてヨーロッパにおける書籍発行の中心地だった。当時のイタリアは全ヨーロッパの書

籍発行数の過半数を占め、また、ベネツィアは全イタリアの書籍発行数の過半数を占めていた。このような状況はやがてベネツィアにおけるさまざまなタイプの読者層、さまざまなタイプの書籍の出現をもたらすことになるが、俗語、すなわちラテン語ではない言葉、すなわちイタリア語による書籍もまた、その一つだった。

ラテン語で書かれた書が一般的だったこの当時にあって、『スムマ』はイタリア語で書かれていた。

ラテン語の読み書きが上流の教養人の証だったこの当時にあって、一般の人々にも読むことができるイタリア語の書だったことの意味は大きかった。

かくして、この『スムマ』は複式簿記の伝播、その媒体として大きな意義をもつことができた。

この書は一五二三年に再版されているが、それとは別に、複式簿記を説いた「計算および記録に関する詳論」の部分が抜粋され、一五〇四年に『商人のための完全な手引き』と

---

56 石鍋真澄『ピエロ・デッラ・フランチェスカ』二〇〇五年、二三七頁。

57 W・H・マクニール／清水廣一郎（訳）『ヴェネツィア——東西ヨーロッパのかなめ、一〇八一—一七九七』二〇〇四年、一九〇頁。

いうタイトルで出版されたと未確認ながらもいわれているし、また、『スムマ』の複式簿記は一六世紀のうちに数か国語に翻訳されるに至っている。

俗語で書かれ、印刷に付されたからこそ、『スムマ』の複式簿記は諸国の複式簿記の原型となってゆくのだった。

しかしながら、こうした通説とは異なり、ジェイコブ・ソールは「初めて印刷された複式簿記の手引き（the first printed manual on double-entry bookkeeping）」[58]ないし「初めて出版された会計の手引き（the first published manual on accounting）」[59]とする『スムマ』について次のように述べている。

「この世界初の会計の入門書（manual）は、その後（刊行後）一〇〇年にわたって商人からも思想家からも無視された。一六世紀に入ると、多くの国が騎士道精神を掲げる絶対君主を戴くようになり、会計は身分の低い商人の技術であるとして次第にさげすまれるようになっていったためである」[60]。

「ルネサンス期の基準から見て、『スムマ』がとりわけよく売れたとは言いがたい。初版の一四九四年版はきわめて少部数だったため、二版が一五二四年に印刷されたが、これもごくわずかだった。当時の貴族や上流階級はまだ商人文化はなやかなりし頃をよく知っていたが、わざわざ会計の本（accounting manual）を買う必要は感じなかったのだろう」[61]。

ただし、この書にあって複式簿記を説いているのは第一部第九篇第一一論説の「計算および記録に関する詳論」だけであって、これは全六〇〇頁超の『スムマ』のうちの三〇頁にも満たない、ほんの一部にしか過ぎず、そうした『スムマ』を、前述のように、「世界最初の複式簿記書」と称することには違和感を抱かざるをえず、「世界で初めて複式簿記を取り上げた書」とでも称する方が適当だろう。したがってまた、この『スムマ』はこれを、ソールがいうように、会計の書だから無視されたとか、会計の書は買う必要がなかっ

58 Jacob Soll, *The Reckoning: Financial Accountability and the Making and Breaking of Nations*, 2014, p. 48.
59 *Ibid.*, p. 48.
60 ジェイコブ・ソール／村井章子（訳）『帳簿の世界史』二〇一五年、九五頁。
61 同右、一〇三～一〇四頁。

たとかいったように捉えることにも違和感を抱かざるをえない。
この書は、『全書《スムマ》』というその名が示すように、当時の数学を集大成した数学の書であって、複式簿記を取り上げているから売れたということはありえても、複式簿記を取り上げているから売れなかったとは考えにくい。
ソールは次のようにも述べている。

「ルネサンス期から現代にいたるまで、ありとあらゆる簿記書は、少なくとも部分的には『スムマ』に基づいていると言ってさしつかえない。会計の歴史において、パチョーリはヒーローなのである。とはいえ……フランチェスコ・ダディーニ（トスカーナの大商人）がすでに一四世紀末に複式簿記を実践していた[62]ことからもあきらかなように、『スムマ』は遅れてきた名著であり、その頃には会計文化はかつての輝きを失っていた。人文主義全盛のルネサンス期には、同書はさほど評価されなかった。一六世紀初頭に同書の存在を知っていた学者や思想家はごくわずかであり、政治指導者になるともっとすくなく、これを財政運営に活用した者となるとほとんどいなかった」[63]。

「『スムマ』が期待したほど売れなかったのは、パチョーリの落ち度ではない。出版された時期が悪かった。……商売や銀行の職業倫理や帳簿のつけ方は、イタリアの商人には役立ったとしても、君主や兵士や宮廷人にはさして必要がなかった」[64]。

「遅れてきた」とはどういうことか。そもそもパチョーロは複式簿記の創始者ではなく、行われていた実践をまとめ、解説したことに意味があり、実践が先にありき、は当然のことではないのか。

また、どうして「政治指導者」や「財政運営」や「君主」を問題にするのだろうか。第二章に述べられるように、一七世紀のネーデルラントやスウェーデンには財政管理のためにする複式簿記の採用をみることができるとはいえ、概して公会計（国等の会計）は、一六世紀どころか、ごく近年に至るまで単式簿記をもって行われていた。「商人には役立った」のなら、それでよいのではないか。

62 注記43をみよ。
63 同右、九五〜九六頁。
64 同右、一〇五頁。

「さまざまな資料から、『スムマ』の会計に関する部分だけが抜き出され、ヴェネツィア式複式簿記の指南書として出回ったらしいことがわかっている。これが、『スムマ』がイタリアであまり売れなかった理由かもしれない」[65]。

抜き刷りが作られ、出回ったのは、複式簿記の解説に意義が認められたからこそのこと、ではないのか。それにまた、『スムマ』それ自体は数学の書だが、そもそも数学の書はそんなに売れるべきものなのか。

「パチョーリの『スムマ』はついに国王や皇帝から支持されることはなかった。『スムマ』の強力な支持者がようやく現れるのは、オランダにおいてである。『スムマ』の熱心な読者となったのは、絶対君主制を嫌う商業共和国の勤勉な市民だった」[66]。

65 同右、一〇四頁。
66 同右、一二七頁。

第二章

複式簿記の伝播と期間計算

第一節　ネーデルラント

アントウェルペンとアムステルダム

「一六世紀前半には、ネーデルラント（現在のベルギー、オランダ、ルクセンブルクに北フランスを加えた地域……）は北イタリアを凌駕する国際貿易の中心地として、スペイン＝ハプスブルク帝国でもっともゆたかな地方となっていた。……アントワープはまた、ヨーロッパの会計の中心にもなっていた。パチョーリの『スムマ』はようやくこの地で日の目を見、これを参考にオランダ語のすぐれた簿記書が多数書かれ、ヨーロッパ各地に普及して会計への関心が高まるようになったのである」[1]。

会計史において一六・一七世紀は複式簿記の伝播と期間計算の成立の時代、その中心的な舞台はネーデルラントだった。一四・一五世紀、商業、芸術の黄金期イタリアに成立をみた複式簿記は一六・一七世紀、これも商業、芸術の黄金期ネーデルラントへと向かう。

イタリアン・ルネサンスはいうまでもなく、歴史上、経済的な繁栄が文化的な繁栄をもたらす例は枚挙にいとまがなく、この時期のネーデルラントもまた、ヨーロッパ文化の重要な中心地だった。アントウェルペンはルーベンスの町、アムステルダムはレンブラントの町だった。一六・一七世紀の北方ルネサンス芸術にあってアントウェルペンはその都だったし、また、出版文化の繁栄も顕著だった。

一六世紀の繁栄はアントウェルペンだった。

近代初頭とされる一六世紀の前半、このアントウェルペンは世界一の国際商都にして「世界最大の金融市場」と呼ばれるまでになったが、これをもたらしたのはイギリスの毛織物、ポルトガルの香料、南ドイツの銀、銅だった。とりわけ、イギリスの毛織物の存在が大きかった。

アントウェルペンの繁栄振りは、当時、ロンドンはアントウェルペンの衛星都市だった、ともいわれるほどだったが、その繁栄はつかのまの輝きだった。

1 ジェイコブ・ソール／村井章子（訳）『帳簿の世界史』二〇一五年、一三一頁（（ ）書きは原文）。

ネーデルラントのスペインに対する反乱の勃発、そしてスペインとイギリスの緊張関係によるイギリス商人のアントウェルペンからの離反はアントウェルペンの衰退をもたらした。さらに、スペイン軍によるアントウェルペン占領はこの地の外国商人たちの亡命を結果し、また、彼らの多くはアムステルダムに移住した。

そして、一七世紀の繁栄はアムステルダムだった。

一六世紀アントウェルペンに代わって国際市場となったのは北ネーデルラントの中心都市アムステルダムだった。このアムステルダムの繁栄は一八世紀ロンドンに取って代わられるまで続く。

なお、そこで豊富な財力をもった一七世紀アムステルダムの商人たちが乗り出したのが東インド貿易だった。

イムピンとステビン

今日にあって一般に行われている利益の計算は「期間計算」と呼ばれるが、この期間計算は先駆的には中世のフィレンツェに原初的な形態のものがみられ、また、その一般化、さらにまた、定期的な期間計算の成立は一六世紀以降のネーデルラントにみられることとなる。

この時期のネーデルラントにおける簿記文献はジャン・イムピン（Jan Ympyn）の『新しい手引き』をもって筆頭とする。

前述のように、特に毛織物業で栄えた南ネーデルラントの中心都市、今日ではベルギーに含まれるアントウェルペン、そのアントウェルペンの商人イムピンの一五四三年刊の書はオランダ語（フランドル語）による簿記書の嚆矢とされている。フル・タイトルはあまりに長いため、通常はその冒頭部分をもって『新しい手引き』（*Nieuwe Instructie*）と呼ばれている。

ベネツィアにも長く住んだというイムピンの『新しい手引き』は或るイタリア語文献の翻訳とされ、また、パチョーロの『スムマ』やこれに後続するイタリアの簿記文献の影響を少なからず受けているともいわれるが、未販売商品（売れ残り商品）を独立の項目として扱っている点が従前の書にはない特徴的な点として注目され、そして、後述のように、この点には期間計算の存在が看取される。

イムピンは一五四〇年に歿したが、その後、未亡人によって出版されたこの書には、一五四三年刊のオランダ語版のほか、同年刊のフランス語版、一五四七年刊の英語版があって、それぞれ最初のフランス語簿記書、二番目の英語簿記書とされる。

したがって、「パチョーリによって初めて本格的に詳述された複式簿記論をヨーロッパ全体に普及させた第一人者として、イムピン……をあげることができる」[2]ともされている。

オラニエ公マウリッツの家庭教師や同公付きの財務長官の任にあった科学者シモン・ステビン（Simon Stevin）の『数学覚書』（*Wisconstighe Ghedachtenissen*）（一六〇五〜一六〇八年）は、サブタイトルに『君主マウリッツ閣下が学ばれたるものを収録』との記述があるように、ステビンがオラニエ公に教授した事柄からなり、五部構成の第五部において簿記を扱っている。この書の簿記は商業簿記と王侯簿記からなり、また、後者は領土簿記と特別財政簿記からなるが、どれにおいても、ステビンはイタリア式簿記、すなわち複式簿記をオラニエ公に推奨している。

簿記文献としてのこの書は一般には「期間損益計算の確立を確固たるものとした著作として……『スムマ』と並び称される」[3]などとされているが、他方、橋本武久のように、「Stevin自身が……むしろ「領土簿記」においてこそ複式簿記が適合し必要とされると主張することに注目せねばならない」[4]と指摘し、複式簿記の公会計への応用を示している点にその意義を認める向きもあり、また、O・テン・ハーベによれば、「ステヴィンは会計の分野でネーデルラント人や海外の遠く離れた多くの地に、多大な影響を及ぼした。彼は複記入を公共管理にも役立てることを奨めており、そしてこの提案はアムステルダムで数十年間実行された」[5]。

なお、「ラテン語にステヴィンの書物が翻訳されたので、オランダ以外の土地の人々、例えばイタリア人などは彼の著作でもって自ら〔の国語〕より簡単に学ぶこともできた。非営利会計に関する当時の数少ない著者の一人ルドヴィコ・フローリは自分の出典の一つとしてステヴィンの作品を挙げている」[6]とされ、先述のように、ラテン語ではなく、イタリア語で書かれたことに意味があった『スムマ』とは逆であることが面白い。

---

2 岸悦三「ルイ一四世商事王令とサヴァリー――フランス簿記史」平林喜博（編著）『近代会計成立史』二〇〇五年、六九頁。

3 渡邉泉「複式簿記の伝播と近代化――オランダ、イギリスを中心に」千葉準一、中野常男（責任編集）『体系現代会計学〔第八巻〕会計と会計学の歴史』二〇一二年、八二頁。

4 橋本武久『ネーデルラント簿記史論――Simon Stevin簿記論研究』二〇〇八年、二〇頁。

5 O・テン・ハーヴェ／三代川正秀（訳）『新訳　会計史』二〇〇一年、八八頁。

6 同右、八八頁（〔　〕書きは原文）。

第二節　期間計算

期間計算と企業形態の近代化

既述のように、今日、企業において行われている利益の計算は「期間計算」と呼ばれるものである。

期間計算とは何か。これはどのように生成をみたのか。

期間計算の生成プロセスはこれを企業形態の近代化プロセスと重ね合わせてみなければならない。

この企業形態の近代化プロセスは、当面、これを株式会社という企業形態の形成プロセスとしてみることができる。今日、最も一般に用いられている企業形態ということのできる株式会社は、したがって、企業形態の近代化プロセスのゆきついた先、すなわち、その到達点に位置するものとして捉えられるからである。

そうした企業形態の近代化、その要の一つとなるのが企業の**継続化**である。

株式会社に代表される近代、そして今日の企業は、継続的に事業を行うことによって効率的に利益を得るための継続的な組織、として存在している。

そしてまた、この企業の継続化は企業の**大規模化**と重なり合う。すなわち、企業の継続化、大規模化は、より効率的に利益を得ることのできる企業形態への進化、である。

そして、この継続化、大規模化に最も適したものとして考案された企業形態が、これすなわち株式会社というそれである。株式会社における株式というものは企業の大規模化を容易にし、また、後述のように、そこにおける株式の自由譲渡性というものは企業の継続化を容易にする。そうした意味において、株式会社は企業形態の近代化プロセスの到達点に位置するものとして捉えられる。

期間計算の生成プロセスはこれをこのような企業形態の近代化プロセスと重ね合わせてみなければならない。

ゴーイング・コンサーンの前提

会計（学）の世界に「会計公準」と呼ばれるものがある。

公準とは何か。

難しいことはさて措き、簡単にいってしまえば、公準とは基本的な前提のことである。

したがって、会計という行為が行われる基本的な前提のことを「会計公準」という。

会計の基本的な前提にはどのようなものがあるか、ということについては種々の立場から種々の主張がなされてきているが、今日、一般に会計の基本的な前提として挙げられるものの一つに**「ゴーイング・コンサーン**の公準」と呼ばれるものがある。このゴーイング・コンサーンの公準は、企業は継続的な存在である、という前提である。

「ゴーイング・コンサーン（going concern）」は一般に「**継続企業**」と訳される。文字通りいえば、継続的な企業、継続性をもった企業のことである。

ただし、本書はこれを、**終わりというものが予定されていない企業**、と定義しておきたい。終わりがない企業、ではなく、終わりが予定されていない企業、である。実際に終わりがくるかどうかは分からないが、例えば、〇〇年三月末日まで、とか、この事業プロジェクトが完了するまで、とかいったように予定されている訳ではない、ということである。

また、もちろん、現実には潰れてしまう（終わってしまう）企業も存在するが、それは予定されていた訳ではない。

今日の企業は一般に終わりというものを予定することなく存在している。そして、今日の会計はそうした継続企業を前提として行われている。

この継続企業（ゴーイング・コンサーン）の公準はときに「会計期間の公準」とも呼ばれる。

今日の会計は企業の活動を一定期間毎に区切って行われている。この期間のことを「会計期間」という。また、「会計年度」や「事業年度」などともいう。また、この一定期間の一定は、例えば三〇年間という一定でも、三か月間という一定でも、あるいは三週間という一定でも構わないが、通常は一年間とされている。したがって、「事業年度」、あるいは「会計年度」などともいわれるのである。

いずれにしても、企業の活動を（一年間なら一年間という）一定期間毎に区切って、その期間毎に会計を行う。

どうして継続企業の公準のことを「会計期間の公準」とも呼ぶのか、といえば、詳しくは後述されるが、簡単にいってしまえば、継続企業だからこそ期間に区切らなければならない、ということである。

当座企業と継続企業

さて、まずは継続企業ではない場合にはどうか。

継続企業ではない、ということは、すなわち、企業に終わりが予定されている、ということであって、それはまた、したがって、企業が終わるのを待つことができる、ということでもある。そして、その場合には、企業が終わるのを待って、例えば「この企業において一〇〇万円の利益が出た」といったことをいうことができ、この「一〇〇万円」は企業の全生涯における利益ということになる。

しかしながら、他方、継続企業の場合には（予定されていない）終わりを待つことはできず、そこで企業の活動を時間的に区切ることになる。すなわち、期間を定めるということである。そうすることによって、例えば「この期間に一〇万円の利益が出た」といったことをいうことができるのである。

前述のように、会計公準にはどのようなものがあるか、ということについては種々の立場から種々の主張がなされてきているが、ここで取り上げた継続企業の公準ないし会計期間の公準こそが、近代会計を特徴付ける公準、などともいわれている。企業の活動を期間に区切って会計を行う。これが近代、そして今日における会計の最大の特徴の一つなのである。

そして、会計がそうしたものになってゆくプロセスを、会計の近代化プロセス、ということもできようが、そうした会計の近代化の必要はまた、いうまでもなく、企業の継続化によって生ずる。

企業形態の近代化、その要の一つは継続企業の誕生だった。

「継続企業」という呼称ないし概念は、通常、「**当座企業**」というそれとの対比・対照でもって用いられる。当座とは、その場限り、ということであって、すなわち、当座企業とは、**その場限りの企業**、である。

さて、この当座企業の典型としてよく引き合いに出されるのが中世のイタリア商人による地中海貿易である。

中世にあってベネツィアを首めとするイタリア諸都市の商人たちは東方地域との貿易を営んでいた。彼らはエジプト、シリアなどの東方地域に織物やガラス器などといったヨーロッパの工業製品その他を輸出し、また、胡椒を首めとする各種の香辛料その他の東方の物産を輸入していた。そうした地中海貿易は航海をもってなされていたが、その航海は一つ一つ(一往復々々々)が独立的に行われていた。別言すれば、一つ一つの航海が、その場限りのもの、として行われていた。すなわち、「一(往復)航海イコール一企業」とでもいうべき当座企業として行われていた。例えば一つの航海を一つの事業プロジェクトとすれば、それは、その事業プロジェクトが完了するまでの企業、だった。

何人かの商人が仲間となって元手になるカネを出し合う。そのカネで例えば船を購入し、乗組員を雇い入れ、輸出品となる工業製品などを購入する。そして出帆。

船はやがて例えばエジプトに到着。そこで輸出品を販売し、さらに、それによって得たカネでもって、輸入品となる各種の香辛料などを購入する。そして帰国の途に就く。

こうした貿易における利益の計算は、それぞれの航海毎の清算、という形でもって行われた。清算とは整理、差し引きして後始末をすることである。

船がイタリアに帰ってくる。輸入品を販売し、さらには船も売り払って、すべてをカネに換える。そのカネでもって例えば乗組員に未払いの賃金があればそれを払い、また、最初にそれぞれが出した元手が出した者に返される。そして、差し引き残ったものが利益、だった。[残ったカネ＝利益]だった。

一つ一つの航海は、それぞれが、一回こっきり、のものであって、行って帰ってきて、それで終わり、だった。一つの航海の終了を待って、その航海のすべてを整理、差し引きして後始末を付けたのである。

その利益は企業の全生涯における利益だった。そこには終了というものが予定されていた。したがって、終了を待つこと、ができたのである。

期間計算

他方、今日において一般に見受けられるような継続性をもった企業、すなわち継続企業を前提として利益の計算を行う場合に用いられる方法を「期間計算」という。

継続企業、すなわち終了が予定されていない企業が前提されている場合には、終了を待って、すべてを整理、差し引きして後始末を付ける、ということができない。したがって、継続する企業の全生涯を区切って、その区切られた期間について利益を計算する、ということになるのである。

そしてまた、この期間が一定期間である場合に、それは定期的な期間計算、さらに、この一定期間が一年間である場合に、それは年次期間計算となる。

そこで、このような利益の計算方法の歴史的な変遷は次のように捉えることができる。

口別計算

前々項は中世のイタリア商人による地中海貿易の例について述べたが、その当時に一般に行われていた利益の計算方法は一般に「口別計算」と呼ばれている。

口別とは、例えば前々項に述べられたようなケースについていえば、個々の航海別、ということである。一往復の航海が終了したときに、その都度、随時的に、そこでの利益を計算する。あるいはまた、例えば普通の小売り業などについていえば、口別とは、個々の商品別、ということである。商品が売れたときに、その都度、随時的に、そこでの利益を計算する。

いずれにしても、こうした場合には、期間といったものとは無関係に、一つの事業プロジェクトの完了を待って、完了して初めてその事業プロジェクトに関する利益を計算するのである。

前述の地中海貿易の場合には一つの航海が一つの事業プロジェクトであり、また、普通の小売り業の場合を考えてみれば、或る商品をメーカーないし問屋から仕入れて、それを消費者に販売する、ということが一つの事業プロジェクトである。

例えば或る商品を一〇〇円で仕入れて一五〇円で販売する。

商品を仕入れたが、それがいつ売れるかは分からない。三日後かもしれないし、三年後かもしれない。いずれにしても、その商品が売れたときが、その事業プロジェクトの終わり、ということである。そして、それが三日後だろうと三年後だろうと、その終わりを待って、その商品が売れたときに、その利益を［一五〇円－一〇〇円＝五〇円］と計算するのである。

あらましこうした理解の下、利益の計算方法の歴史的な変遷は、従来、次のように捉えられていた。

口別計算
↑
期間計算

しかしながら、これについては「損益計算発展の歴史的シェーマは、従来、いわゆる口別損益計算から期間損益計算への展開として描かれ」[7]ていたが、このような解釈は「本来異なる座標軸上の概念を、論理的に整理することなく、無理矢理同一座標で論じようとした所に矛盾がある」[8]とされる。

すなわち、簡単にいってしまえば、期間計算と同一座標で対比されるのは、飽くまでも、非期間計算であって、「期間計算 vs. 口別計算」という関係にはない、ということである。そしてまた、口別計算という概念と非期間計算という概念は異なる座標軸上の概念であっ

7 渡邉泉『損益計算の進化』二〇〇五年、一二三頁。
8 同右、一二三頁。

て、したがって、「口別計算イコール非期間計算」といった言い方は適切ではない。

口別計算
　一つの事業プロジェクトにおける利益の計算
非期間計算
（企業の全生涯を区切らない）企業の全生涯における利益の計算

ただし、当座企業の場合は、一つの事業プロジェクトが完了すれば全生涯が終わる、のだから、口別計算と非期間計算が同じになるし、また、継続企業の場合も、このような口別計算が行われているということは、すなわち、期間計算が行われていない、ということであって、別言すれば、口別計算において計算される利益が、非期間的な性格の利益、すなわち、期間といったものとは無関係の利益、であることは確かである。

他方、それでは口別計算において計算される利益と同一座標で対比されるのは何か、といえば、それは、すべての事業プロジェクトにおける利益、別言すれば、全部の利益、である。この利益の計算をとりあえず「綜合計算」と呼べば、「綜合計算 vs. 口別計算」という関係にあるのである。

口別計算
　一つの事業プロジェクトにおける利益の計算
綜合計算
　すべての事業プロジェクトにおける利益の合算

ただし、当座企業の場合は、一つの事業プロジェクトがすべての事業プロジェクト、だから、［口別計算＝綜合計算］、また、継続企業の場合は（全生涯が終わるのを待つことはできないため）、すべての事業プロジェクト、とはいっても、全生涯におけるすべての事業プロジェクト、ということではなく、飽くまでも、（継続する企業の全生涯を区切った）各期間におけるすべての事業プロジェクト、ということであって、したがって、継続企業における綜合計算は期間計算をもって行われる。

これまでのことをまとめれば、次のようになる。

口別計算　　非期間計算
vs.　　　vs.
綜合計算　　期間計算

当座企業の場合
口別計算で全部の利益が分かる（[口別計算＝綜合計算]）。

継続企業の場合
口別計算では全部の利益が分からない。
すなわち、綜合計算でなければ全部の利益が分からない。
ただし、非期間計算では綜合計算ができない。
したがって、期間計算による綜合計算を行う。

すなわち、[口別計算 vs. 期間計算] という関係にはない。
ただし、問題は、口別計算でことが足りているか、ということである。
ただし、ことが足りているか、には次の二点がある。
①継続企業の場合、口別計算では全部の利益が分からない、ということ

②全部の利益を知りたいか、ということ

結局のところ、**期間計算は**

①継続企業において

②全部の利益を知りたいとき

に行われる、ということになる。

全部の利益

継続企業の場合、口別計算では全部の利益が計算されない。

例えば前出の普通の小売り業の場合を考えてみれば、そこでは、個々の商品が売れたときに、その商品についての利益が分かるだけなのである。

口別計算では、例えば一〇か月前に商品Aが売れたときに五〇円の利益が計算され、三週間前に商品Bが売れたときに五〇円の利益が計算され、今日、商品Cが売れたときに五〇円の利益が計算される、が、それだけである。そこでいえることは、飽くまでも、「商品Aについて五〇円の利益、商品Bについて五〇円の利益、商品Cについて五〇円の

利益」ということだけである。

すなわち、そこで、もしも、「全部の利益は一五〇円」といおうとするならば、どうしても時間的に区切らなければならない。例えば一年間なら一年間という区切りを設けて初めて、「この一年間の全部の利益は一五〇円」といったことをいうことができるのである。

例えば「（どうしてそんなまどろっこしいことをいってるんだ?）今日までに商品A、B、Cが売れて、合わせて一五〇円の利益、といえば済むじゃないか」などといわれるかもしれない。しかしながら、「今日までに」ということは、そこで時間的に区切っている、ということである。一年前から今日まで、だろうと、一〇年前から今日まで、だろうと、いずれにしても、そこでは、一年間、あるいは一〇年間という、期間、が念頭に置かれていることになるのである。

継続企業の場合には、期間を定めない限り、全部の利益が分からないのである。

イムピンの『新しい手引き』については「未販売商品（売れ残り商品）を独立の項目として扱っている点が従前の書にはない特徴的な点として注目され……この点には期間計算の存在が看取される」と先述したが、これはどういうことかといえば、未販売、すなわち、まだ売れていない、ということは、〇〇現在（例えば今日現在）まだ売れていない、あるいは、〇〇までに、(例えば今日までに)まだ売れていない、ということであって、すなわち、そこで時間的に区切っている、ということなのである。

「未《まだ》」という概念は時間的な区切りがなければ出てこない。

第三節　企業の継続化と大規模化

定着化

企業の継続化は一つには商業の方法の変化がこれをもたらす。

この商業の方法の変化は、例えば経済史家のエーリック・アールツ(Erik Aerts)によれば、次のようにまとめられる。


「商業構造の深甚な変化……「海上交易からデスクワークへ」……つまり、ビジネスの方法と企業組織のあり方に隔絶的な変化があったこと、とりわけ、殆どのヨーロッパ商業を支配していたイタリア商人が行商活動を停止したという事実……商品とともに長く旅する困難な商業に代わり、彼らは支店にデスクを構える支配人となった。彼らは商業上重要拠点に本部を設け、そこを中心に支部や支店、代理店や関連会社のネットワークを作り上げたのである。これら代理店……やパートナー……と本部とのやりとりは、私的なあるいは公式な書簡……あるいは為替手形を使って行われるようになった。こうした新世代の商人たちが、国際的な商業活動と銀行業務とを結びつけたのである。……商業と金融業とを結合させた……商人―銀行家（マーチャント・バンカー）」[9]だった。

これは要するに、［遍歴的な商業→定着的な商業］の移行だった。

遍歴とは、広く諸国を巡ること、である。すなわち、それは、或る地域の産物をほかの地域に運んで販売し、さらに、その代金でもって購入したその地域の産物をもち帰って販売する、といったものであって、前述の中世イタリア商人による地中海貿易にみられ、また、陸路においては旅商だった。

いずれにしても、こうした遍歴的な商業は一つの航海、一つの旅商が断続的に、すなわち、前述のように、当座企業として行われていた。

しかしながら、通信が発達をみ（商人たちは通信網の構築に力を注いだ）、それが定着的な商業の出現を可能にしてゆく。すなわち、それは、一か所に定着した商人が各地の支店ないし代理店との商業通信によって取引を行うといったゆき方だった。

もっとも、定着的な商業の一般化は一六世紀、あるいは一七世紀を待たなければならないかもしれないが、いずれにしても、そうした定着的な商業は継続性をもった。

断続性の非効率性

こうした［断続的な遍歴的な商業↓継続的な定着的な商業］の移行は取引の大量化、事業の大規模化をもたらすが、これは逆にいえば、断続性は大規模化を阻害する、ということである。

前述のように、株式会社に代表される近代、そして今日の企業は、継続的に事業を行うことによって効率的に利益を得るための継続的な組織、として存在しているが、ここで注目すべきは、継続的に事業を行うことの効率性、すなわち、継続性のもつ効率性、逆にいえば、断続性のもつ非効率性、である。

事業を企てて、資本を集めて……終わって、清算して、そしてまた、次の事業を企て

9　エーリック・アールツ（Erik Aerts）／藤井美男（監訳）『〈アールツ教授講演会録〉中世末南ネーデルラント経済の軌跡――ワイン・ビールの歴史からアントウェルペン国際市場へ』二〇〇五年、三〇～三一頁。

て……、といった断続性、それがいかに非効率的なものであるかは指摘するまでもないだろう。

さらにまた、企業が大規模であればあるほど、そうした非効率性も大きくなる。大きな事業を企てて、大勢の人から資本を集めて……終わって、大勢の人に資本を返して……、ということである。

そして、結局は、そうした非効率性が大規模化を阻害し、このように継続化は大規模化と重なり合う。

経営史家のＪ・Ｂ・バスキン（Jonathan Barron Baskin）と会計史家のＰ・Ｊ・ミランティJr.（Paul J. Miranti, Jr.）は次のように述べている。

「中世の後半とルネッサンス期で得た経験は大規模で広範囲に事業を展開している新しい企業が事業の効率化によって巨額の利益をどのように実現したかを明らかにした。この最も良い事例が先駆的なイタリアのマーチャントバンクである。……長期に亘って事業活動を継続することは企業の事業能力を遂行する上に最も有効な方法について実践的な知識を発展させることに貢献するものだった。このことは、一世紀以上も事業の継続を果たした経験から得られた種々の事例を有するフローレンスのマーチャントバンクが良い例である」[10]。

企業の構成と利益計算

利益の計算方法は企業の構成によって変わってくる。

例えば、いま一度、中世のイタリアに目をやると、同じイタリアでも、企業は地域によってその構成を異にしていた。

例えば一四・一五世紀のベネツィアにあって支配的な企業は個人企業、あるいは家族、同族によって構成されるそれだった。

そして、そこでは、全部の利益を厳密に計算・把握することの必要がそれほどなかった。他人の介在しない企業においては利益を厳密に分配することの必要がそれほどなかったからである。

もっとも、「骨肉の争い」などといった言い方もあるように、こと金銭については他人も身内もない、かもしれないが、とりあえずは、身内だからわりとアバウトでもよかった、

10　J・B・バスキン、P・J・ミランティJr.／青山英男（監訳）、森勇治（訳）『ファイナンス発達史——会社財務の歴史的展開』二〇〇五年、五四～五五頁。

としておこう。

さらにまた、身内の場合には、途中で誰かが脱ける、ということがあまりない、ということもある。もしも途中で誰かが脱けるならば、企業から脱退する者があるならば、それまでの利益をちゃんと計算し、その脱退者に分与しなければならないということにもなるのである。

しかしながら、そうでなく、利益を厳密に分配することの必要がそれほどないということは、期間計算の必要がないということになる。前述のように、期間計算は（継続企業において）全部の利益を知りたいときに行われるが、しかし、ベネツィアの個人企業、あるいは家族的、同族的な企業にはそうした状況がなく、口別計算、したがって非期間計算でことが足りていたのである。

これに対して、同じ一四・一五世紀のイタリアでも、フィレンツェは状況を異にしており、そこでは、個人、あるいは家族、同族の範囲を超えて、より多くの人々が共同して事業を行う組合的な企業が支配的になっていた。毛織物業を首めとして比較的に大規模に行われるようになっていたフィレンツェの商いは、より多くの資本を必要としたからだった。

したがって、そこでは、他人同士からなる企業のメンバーの間で利益を厳密に分配する必要が生じ、期間に区切って全部の利益を厳密に把握する計算方法が採られることになった。

期間計算だった。

ただし、そこでの期間の区切りは、例えば誰かが脱退したときにそれまでの利益の分配のために行われたりしたものであって、一定期間という形のものではなかった。そこにあったのは非定期的な期間計算だった。

前述のように、継続化は大規模化と重なり合い、そして、大規模化は大きい資本を必要とし、大きい資本を手に入れるためには大勢の人に資本を出してもらわなければならない。すなわち、他人からもカネを集めなければならなくなる。本項の例でいえば、「ベネツィア型→フィレンツェ型」である。

そして、他人が入ってくると口別計算ではことが足りなくなる。全部の利益を知りたくなるからである。

前述のように、期間計算は継続企業において全部の利益を知りたいときに行われる。

ネーデルラント

こうした期間計算が一般化をみ、さらには定期的な期間計算が成立をみるのは一六・一七世紀のネーデルラントだった。

本章の冒頭に述べられたように、まずはアントウェルペンだった。

一六世紀、大いなる繁栄をみたアントウェルペンには組合的な企業の存在がみられ、そこにおける商人の実践には期間計算の採用があった。また、当時のアントウェルペンでは年数回、定期市《いち》が開かれていたが、或る時期から、取引の清算、すなわち貸借の清算がこの市場の開催期間に行われることになり、このことが商人たちに期間計算的な思考をもたらしたともされる。

さらにまた、一般化の程度は分からないが、当時のアントウェルペン商人の実践には定期的な期間計算、さらには年次期間計算の存在もみられる。

次はアムステルダムだった。

これも先述のように、一七世紀の繁栄において豊富な財力をもったアムステルダムの商人たちが乗り出したのが東インド貿易だった。

バルトロメウ・ディアスによって（のちの）喜望岬が発見され、さらに、バスコ・ダ・ガマの航海によって喜望岬経由のインド航路が開かれて以来、およそ一世紀の間、ポルトガルの支配下にあった東インド貿易だったが、一六世紀の末からインド洋に進出したオランダ（一五八一年に独立を宣言）は軍事力をもってポルトガルの基地を征し、やがてはヨーロッパへの香辛料の供給を独占してゆくことになる。

そして、そこにおける莫大な資本の必要が結果したのが一六〇二年に設立されたオランダ東インド会社だった。完全な継続性を携えて発足し、また周知のように、通説としては株式会社の起源とされるこの会社の設立はまさに新しい時代の企業形態の誕生だった。

株式会社は莫大な資本の必要が結果したものだったが、それとともに、この株式会社にはまた、企業の継続化を容易にする特徴があった。

前述のように、当座企業の場合には清算時に元手（資本）がそれを出した者（出資者）に返されるが、継続企業の場合にはそうした清算がない。そこで出資者が資本を回収しうる手段をもたらすものが株式会社における株式の自由譲渡性だった。株式を譲渡、すなわち売却することによって、出した元手を回収することができる、ということだった。

いずれにしても、そうした企業形態の登場を背景として、定期的な期間計算、さらには年次期間計算が一般化をみてゆくのである。

第四節　複式簿記の伝播

スウェーデンにもドイツにも

既述のように、会計史において一六・一七世紀は期間計算成立の時代にして複式簿記伝播の時代だった。

これも既述のように、橋本によれば、「ネーデルラントの簿記・会計はイギリスだけに影響を与えた」と主張しているとされる通説は、しかしながら、決してそのような主張はしておらず、われわれはつとに「オランダと多くの接触をもっていたスウェーデンにも彼（ステビン）の影響力は及んだ。例えば、〔スウェーデンの〕銅鉱山や大砲鋳造業者はアムステルダムの商人達の財政援助を多少受けていた。オランダ語による数巻の帳簿が残されているほど、オランダ人商人や会計人達の影響力が強かった。……レイデン生まれのアムステルダムの商人、オランダ商人・会計士の、カビルヤオはスウェーデンの拡張期に滞在し、スウェーデンの政府管理を複記入システムに替える改組をした。スウェーデンの数都市ではその例、例えば一六四三年のストックホルムのように続いた」とする既出のテン・ハーベの記述に学んでいる。

橋本はまた、「経済繁栄の中心地がイタリア、ネーデルラント、イギリスそしてアメリカへと、その移動とともに簿記・会計も革新をしていったという構図である。これはあまりに単純な構図で美しすぎはしないか」として通説を批判していたが、しかし、われわれは第一章に取り上げられた一六世紀における「イタリア→ドイツ」の複式簿記の伝播を看過するものではなく、また、「北イタリアで成立した複式簿記論をヨーロッパ全体に普及せしめた第一人者として、インピンが挙げられる」[11]とされ、あるいは「フランスにおいて、複式簿記が本格的に普及し始めるのは一六世紀中頃からである。初めてフランス語で複式簿記を説いたのは……Ympynである」[12]とされるインピンの一五四三年刊の『新しい手引き』に関しては、筆者の既刊の会計通史の書においても、「複式簿記の普及については、インピンのフランス語簿記書の存在を看過することはできない」[13]とされている。

---

11 岸悦三『会計生成史――フランス商事王令会計規定研究』一九七五年、二一一頁。

12 三光寺由実子「フランスの簿記事情と会計規定の成立・展開――イタリア式簿記の導入以前からナポレオン商法まで」中野常男、清水泰洋（編著）『近代会計史入門』二〇一四年、一一八頁。

13 友岡賛『歴史にふれる会計学』一九九六年、九四頁。

フランス

会計史におけるフランスの重要性は、何を措いても、一六七三年に制定されたルイ一四世商事王令に認められ、また、この王令は**ジャック・サバリー**（Jacques Savary）とその著『完全な商人』を伴う。

サバリーの名は商法とともに知られる。

かなり大まかに述べれば、明治期に設けられたわが国の商法は主としてドイツの商法を範として作られ、そのドイツの商法はフランスはナポレオンによって制定された商法の影響下に作られ、そのナポレオンの商法はルイ一四世の治世は一六七三年に設けられた商事王令を継承したものとされているが、そうした一六七三年の商事王令はまた、ときに「**商法の嚆矢**」と称され、サバリーはその嚆矢の起草者として知られる。

「商人の商業のための規則として役立つフランスおよびナバルの王ルイ一四世の王令」をもって正式名とするこの法は「一六七三年商事王令」を通称とするとともに、起草者の名による「サバリー法典」をも通称とし、かくしてサバリーの名は商法とともに知られる。

小間物商として財を成したのち、大蔵卿ニコラス・フーケによって官職を得たサバリーは、しかし、ジャン‐バティスト・コルベールによって汚職を摘発されたフーケが失脚したために官職を失うに至ったが、その後、財務総監となったコルベールによる重商主義政策の一環として企図された商法典の編纂のために招かれ、この法典は大方がサバリーの意見をもって作られた。

前述のように、商法の嚆矢として大きな意義をもつサバリー法典にはまた、会計史にあっても劃期的な意義が認められ、すなわち、会計史上は、商業帳簿および財産目録に関する規定の存在、をもって注目されるこの商事王令はとりわけ第三章第八条において、この王令の公布後六か月以内に財産目録を作成し、また、爾後二年毎にこれを作成し直すこと、を普通商人に要求し、この要求は、法による定期決算の要求、として実に劃期的なものだった。

当時のフランスは経済において些か振るわず、そうしたなか、事業の破綻、不正を伴う倒産、詐欺破産が頻発をみ、それゆえにこうした要求がもたらされたのだった。

加えてまた、この商事王令は第一章第四条において複式簿記に言及し、このことをもって、初めて「複式簿記」という文言を用いた近代国家の法律、ともされているが、この規定からは複式簿記が既にかなり普及をみていた当時のフランスの状況を窺うことができる。

中世イタリアに確立をみた複式簿記はやがてネーデルラントに伝播をみ、ついでフランスに及ぶ。既述のように、イムピンが著し、一五四三年に上梓された『新しい手引き』は複式簿記を扱い、ネーデルラント初の簿記書とされるばかりか、これも一五四三年に刊行されたそのフランス語訳は、フランス語による簿記書の嚆矢としてフランスにおける複式簿記の普及に大きな意味をもった。

一六七三年商事王令の起草者サバリーが著したこの商事王令の注釈書が『完全な商人』(*Le parfait négociant*)だった。

もっとも、この書は王令の注釈に止まることなく、商業実務の解説などにも及び、その結果、体系性に問題があるだけでなく、商業実務の手引きとしてはみるべきものがない、ともされる。しかしながら、サバリーによるサバリー法典の注釈は、けだし、好評をもって博し、一六七五年に上梓された『完全な商人』は諸国語に訳されるとともに、多くの版を重ね、広く長く読まれて、商学の古典となった。

「ジャック・サヴァリーは「偉大な会計の大家」……とは言い難いが、とりわけ棚卸資産の評価についての言及は有名であり、フランスはもとよりドイツなどの諸国においてきわめて多くの人々に読まれている。彼の著書は……一八世紀を通じて出版され、簿記の知識の普及、ひいてはおそらく会計実務の改善にも貢献したことと推測される」[14]。

「サヴァリーは、毎年、財産目録を作成するよう推奨し、一つのモデルをいくつかのルールとともに示している。このルールは商品の在庫についてであり、「商品はそれが有する価値以上で評価してはならない。というのは、商品をそれが有する価値以上に評価することは、想像の世界で金持ちになりたいと思うことに等しいからである」。……サヴァリーはこのような資産評価に係る要請を最初にした著者の一人であり、このことによりリトルトン（一九三三）やチャットフィールド（一九七七）といった簿記史に係るアングロサクソンの古典的文献に引用されている非常に数少ないフランス人のうちの一人になっている」[15]。

14 ベルナルド・コラス「序――会計学史の要素」ベルナルド・コラス（編著）／藤田晶子（訳）『世界の会計学者――一七人の学説入門』二〇〇七年、二頁。

15 Yannick Lemarchand「ジャック・サヴァリーとマチュー・ド・ラ・ポルト――フランスの大世紀を代表する簿記の大家」ベルナルド・コラス（編著）／藤田晶子（訳）『世界の会計学者――一七人の学説入門』二〇〇七年、二一頁（（　）書きは原文）。

なお、一六七三年商事王令の注釈書としては一六七八年に刊行されたクロード・イルソン（Claude Irson）の著『複式をもってすべての種類の勘定を適切に設ける方法』（*Méthode pour bien dresser toutes sortes de comptes à parties doubles*）も知名である。この商事王令における商業帳簿に関する規定の実施についてコルベールから諮問を受けた簿記論者イルソンがその答申として著したこの書は、したがって、『完全な商人』においては要約的にしか説かれていない簿記を詳細に扱い、複式簿記をもって薦めている。

「『完全なる商人』においては簿記はきわめて要約的にしか触れられていないことに注目しなければならない。だからこそ、当時の財務総監コルベールは商事勅令と整合性のある『簿記学概論』を作成するようイルソンに任務を託したのである」[16]。

16　同右、二〇～二一頁。

第三章

近代会計の成立環境

第一節　近代会計の成立と近代会社制度

近代会計成立の前提

序章に述べられたように、会計はこれを「財産管理行為に関する委託・受託の関係を維持するために、その受託者が自分の行った財産管理の顚末を貨幣数値をもってその委託者に説明する行為」として捉えることもでき、ここにおける委託者と受託者の二者は、今日にあって最も一般的な企業形態であるところの株式会社についていえば、株主が委託者、経営者が受託者ということになるが、そうした株式会社はこれを**近代的な委託・受託関係**として捉えることができる。

本書は次章以降において近代会計の成立プロセスを辿るが、この近代会計成立の前提に位置するのは近代会社制度であって、また、この近代会社制度の生成プロセスは、これすなわち委託・受託関係の近代化プロセスであり、たったいま述べられたように、今日にあって最も一般的な企業形態であるところの株式会社はこれを近代的な委託・受託関係として捉えることができる。

第二章に述べられたように、企業形態の近代化はその要の一つを継続化に求めることができ、それはまた、大規模化と重ね合わせて捉えられるものである。

この大規模化は株式会社という形態をもたらし、その株式会社は継続的な組織として存在しており、そうした意味において、企業形態の近代化プロセスは、これすなわち株式会社の形成プロセスということができる。

他方また、この株式会社という企業形態は今日にあって最も一般的なそれとして存在しており、したがって、近代会社制度の生成プロセスは、これすなわち株式会社制度の形成プロセスにほかならない。

本章は近代会社制度の生成プロセス、すなわち株式会社制度の形成プロセスを「近代会社会計制度の祖国」[1]とされるイギリスに辿る。

株式会社制度の形成

ところで、そもそも制度とは何か。

制度は約束である。

1　千葉準一『英国近代会計制度——その展開過程の探究』一九九一年、「序にかえて」二頁。

ただし、約束が制度たりうるためには社会的な定着性ないし一般性をもたなければならない。社会的な定着性をもつということは、社会に根を下ろす、ということである。制度として定着する、などといった表現をしばしば目にするが、これは、約束が社会に根をおろして制度となる、ということである。

制度とは**社会的な定着性をもった約束**である。

株式会社における株主と経営者の関係（委託・受託の関係）はこれも約束をもって成り立ち、すなわち、株式会社は約束事である。

ただし、約束が制度たりうるためには一般性をもたなければならない。一般性をもつということ、すなわち一般化とは、誰もが使うようになる、ということである。本章は株式会社制度の形成プロセスをみるが、これはすなわち株式会社という約束事が生まれ、そして一般性をもってゆくプロセスである。

ちなみに、第二章に述べられたように、通説は一六〇二年に設立されたオランダ東インド会社をもって株式会社の起源とするが、しかしながら、こうした問題はそもそもどのようなものをもって株式会社とするか、すなわち株式会社の定義によって左右され、後述される筆者の解釈[2]によれば、イギリスでは既に一五五三年に株式会社の誕生をみていたことになる。

第二節　株式会社の誕生

ギルド

その起源や定義については諸説があるが、一般にギルドとは中世・近世のヨーロッパにおいてみられた職業的な団体のことである。

しかしながら、周知のように、そもそもは、より広く、社会的な目的、あるいは宗教的な目的等々、さまざまな目的をもって中世以降のヨーロッパに形成された非血縁的な共同体、というべきものであり、例えばイギリスにあっても、さまざまな目的をもって形成される集団、「ギルド」と呼ばれるそれが古くから形成されていたが、一一世紀以降には商業的な目的を明確にもつ商人ギルドが生まれ、そうした商人ギルドの形成は勅許（国王の許可）の下に行われるようになり、それには法人的な性格、すなわち法律上の人格が認められることになった。

2　序章、注記27をみよ。

大規模な荘園においては牧羊の発展が著しく、そこで生産された羊毛は当初はフランドル商人やイタリア商人によって大陸に輸出されていたが、一三世紀の後半以降にはイギリス商人がそれを手掛け始め、商業は羊毛取引を中心として急速な発展をみ、富裕な商人層を生んだ。

当初、イギリスのギルドは富裕な商人を中心に形成され、また、手工業者をも含んでいたが、そうした富裕な大商人の登場、存在はやがてギルド内の対立をもたらし、例えば同じ製品についてもその製造に従事する者と売買に従事する者の分離などが生じ、ギルドの分解、多数化へと繋がっていった。

ギルドそれ自体は俗界の存在だったが、当時の生活一般がそうだったように、ギルドにも宗教的な理念が染み渡っていた。そして、宗教的な理念は競争とか投資とかいった行為を抑制した。

しかしながら、中世の教会の権威が低下するにつれて実利的な思想の擡頭をみ、ギルドの商業活動の拡大がもたらされるが、それにつれて新しい形態の組合的な企業がギルドに取って代わり始め、それは株式会社形成の基礎を成した。

制規組合とジョイント - ストック・カンパニー

海外市場の拡大およびそれにかかわる企業の発展はギルドに代表される従来のシステムに対抗する商業資本主義の成長と重ね合わせて捉えられるものであり、ギルドに敵対する商業資本家層の勃興はやがて新しい形態の海外貿易企業をもたらすことになった。

そうした企業は勅許の下に貿易を行っていたが、形態としては二種類のものがあった。

その一つは「**制規組合**（regulated company）」と呼ばれるものだった。

この制規組合には全メンバーのしたがうべき規則があって、その上で各組合員は各自の資本でもってそれぞれに取引を行っていた。すなわち、そこにあったのは、それぞれが独立のものとして存在する複数の資本、だった。

それは人々の商業資本の包括であって、人々の資本を結合するという考え方、すなわち、合本の考え方はなかった。

いま一つの形態は「**ジョイント - ストック・カンパニー**（joint-stock company）」と呼ばれるものだった。

この形態においては資本の結合が図られていた。

なお、このジョイント - ストック・カンパニーについては、一般に株式会社の要件の一つとされる出資者の有限責任制をもたないことをもって、これを「株式会社」とは呼ばずに「合本会社」と呼ぶ向きも少なくないが、しかし、筆者は、通説とは異なり、有限責任をもって株式会社の要件とはしないため、ジョイント・ストック・カンパニーの登場をもって株式会社の登場とする。

すなわち、筆者の解釈によれば、株式会社とは株式に分けられた資本を有する合本（ジョイント・ストック）形態の会社のことであって、このような理解によれば、既述のように、一五五三年に勅許を受けたロシア会社をもって最初の株式会社とされることになる。

一六世紀のうちに、このロシア会社のほか、いくつかの株式会社が設立をみ、重商主義の繁栄へと繋がるのだった。

東インド会社

ヨーロッパ諸国は東方等の遠隔地との貿易について特許（勅許）会社を設立し、貿易権を独占させていた。

貿易企業の主体は民間の事業家（商人）だったが、リスクの軽減や多額の資金の必要は株式会社ないしそれに近い企業形態の採用をもたらし、また、こうした地域との貿易にはときに国家に等しい立場をもって外交や軍事などの活動を併せ行う必要があったため、国家（国王）の特許（勅許）による（排他的な営業独占権を首めとする）特権が必須だった。

そして、そうした特許会社の典型が東インド会社だった。

一六世紀の中葉以降における毛織物業の急速な発展のなか、毛織物の対価たる銀をもって東インド貿易に進出しようとしたイギリス商人は、先行するオランダに対抗するため、東インド会社を設立した。

一六〇〇年にエリザベス女王から勅許を受けたそれがロンドン東インド会社であって、喜望峰からマゼラン海峡に至る地域の貿易権を独占した。

当初の主目的は東インド諸島への毛織物の輸出と同地からの香辛料の輸入だったが、同地における毛織物需要の少なさはやがてインドの綿布などを媒介とする三角貿易的な方式の採用をもたらしていった。

初期のロンドン東インド会社は、設立計画時に予定された資本の払い込みを受けることが困難だったため、資本を払い込んだメンバーだけからなる当座的で個別的な企業、そうした個別的な企業が「ロンドン東インド会社」の名をもって貿易航海を行う、という制規組合的な形態に止まっていたが、しかしながら、それが一六一三年に「第一次合本」と呼ばれるものの成立によって、全メンバーの出資から構成される合本をもつことになり、企業と会社の一致をみたという意味において株式会社となるに至った。

ただし、今日の株式会社にみられる出資者の有限責任はいまだなく、また、当座企業的な性格は残存し、今日においていうところの株主総会は専制的、閉鎖的だった。

かの清教徒革命による民主化の波はこのロンドン東インド会社にも押し寄せた。一六五七年、オリバー・クロムウェルの清教徒政権による特許は出資を広く国民一般に開放し、民主的な株主総会、そして完全な継続性の成立をもたらした。「クロムウェルの改組」の名をもって知られる。

そしてまた、ちなみに、ここで注目すべきは、この継続性の確立が配当システムの完成へと繋がったことだった。すなわち、それまでは出資部分の払い戻しとの区別がはっきりしていなかった配当というものが、利益の部分だけからする配当、として確立をみたのだった。

さらに、王政復古によって、チャールズ二世はクロムウェルの特許を廃し、一六六一年、ロンドン東インド会社に新たな勅許が与えられたが、この王政復古期にとりわけ注目すべきことは有限責任形態の成立だった。一六六二年の破産者法という法律によって、ロンドン東インド会社を首めとする株式会社に対して全出資者の有限責任が許容され、したがって、通説によれば、ここに株式会社への転換をみることができ、さらに注目すべきことには「一六六二年の株式会社への転換から二年後の一六六四年八月に、ロンドン本社に**複式簿記**が導入されている。一般的に、複式簿記がイギリスの会計実務において普及していないとされる状況の下で、東インド会社が複式簿記を先駆けて導入したのである」[3]。

一七世紀の後半には王政復古政権と結び付いた独裁的な経営陣とその反対派の間に内紛が生じ、そうしたなか、一六八八年の名誉革命によって力を得た反対派は既存の東インド会社に対抗するイギリス東インド会社を設立した。

この新会社は一六九八年に勅許を受け、熾烈な競争が展開されたが、やがて和解をみ、一七〇九年に両社、すなわちロンドン東インド会社とイギリス東インド会社の併合をみるに至った。

合同イギリス東インド会社の誕生だった。

---

3 杉田武志「株式会社会計の起源――イギリス東インド会社と南海会社」中野常男、清水泰洋（編著）『近代会計史入門』二〇一四年、一五九頁。
なお、「一六六四年の複式簿記導入以前の会計帳簿は現存していない」（同右、一五七頁）。

なお、東インド会社がこうした曲折をもって株式会社としての形態を整えてゆくなか、それに対応して、利益の計算方法もまた進化をみていった。

第二章に述べられたように、継続性は期間計算へと繋がり、やがて一八世紀に入ると、そこにみられる合同イギリス東インド会社の実践は年次期間計算の性格を帯びてくるのだった。

第三節　株式会社の停滞

南海バブル

東インド会社に代表される株式会社という企業形態は、一七世紀のうちに、さまざまな業種に普及していった。

ただし、株式会社のなかには、勅許を受けて法人格、すなわち法律上の人格をもったものと、そうではない、すなわち法人格のない会社があり、一七世紀の末葉以降に出現した投機ブームにおいては法人格のない会社が増加をみたが、この投機ブームは一八世紀の最初の四半世紀に最高潮に達し、そのなかで、ただ単に投機だけを目的とした許多の会社はこうした法人格のない会社として設立された。

そして、投機ブームの頂点は一七一一年に勅許を受けた南海会社、これを中心とする南海バブルだった。

ここにいう南海とは南アメリカの沿岸のことであって、そこにおける貿易その他を事業としたのが南海会社だったが、ただし、しかしながら、そもそもこの会社は、公的な信用の再建、を目的として設けられた国策会社的な性格を有し、国家財政と密接な関係をもっていた。

そこにおける一つの大きな意図は公債の整理であって、この会社の資本調達について、公債を資本金に転換する、という方法が採られ、すなわち、公債の所有者（債権者）にはその債権額（公債の額）に応じて南海会社の株式が与えられるとされた。

当初の資本金は一、〇〇〇万ポンドとして、このように発足した南海会社は一七一九年に同様の資本調達の拡張を提案し、この公債整理計画案は、イングランド銀行から出された公債整理計画案を斥け、一七二〇年に議会の承認を得たが、公債と株式の転換は株式の時価にもとづいて行われることとされていた。

そこで南海会社は自身にとって有利な転換を行うために株価の吊り上げを画策、投機熱を煽り、また、投資者たちも株価の上昇を見越して南海会社の株式に殺到し、株価は高騰し続けた。

南海会社への投機熱は、この会社の株式だけのことに止まらず、南海会社によって推進された投機ブームは最高潮に達し、人々は株式の購入に群がった。株を買えば必ず儲かる、と人々は考えた。

他方、どのような会社であっても株式を募集することができた。株式会社を設立して株を発行しさえすれば、必ずカネが集まった。たとえどんな事業だろうとも、いや、別に事業などやる気がなくても、株式会社というものを設けさえすれば、人々は株を買ってくれた。

許多の法人格のない会社、「バブル会社」と称されるべき会社が設立され、それらすべてが投機の対象となることができた。

バブル会社禁止法とバブルの崩潰

こうした狂気の沙汰ともいうべき投機熱は、議会をして、そうした投機を抑制する立法措置を講じさせることになった。

バブル会社禁止法だった。

議会の法律ないし勅許による法的な認可（つまりは特別の許可）を受けることなく法人と

して振る舞ったり、譲渡することのできる株式を募集したり、そうした株式を譲渡したりすることなどが禁止された。

ここにいう議会の法律は一般に「個別法」と呼ばれるものであって、すなわち、一つ一つのケース毎に法律を設けて設立を認めるということであり、それは例えば「○○において○○を行うことを目的とする○○会社を設立するための法律」といったような名称の法律をもって行われる。そうした個別法ないし国王の許可がなければ会社を設立できない、とされたのだった。

この立法の意図は法人格のない株式会社の設立を抑制することにあり、会社の設立について「特許（特別の許可）主義」と呼ばれるものが採用されたのだった。

他方、南海バブルは、バブルだったから、やがて弾けた。

バブル会社禁止法の施行後もこの法の禁じたような違法会社の設立は止むことがなかった。

一七二〇年の八月に入って下がり始めた株価の動向を憂慮した南海会社は、株価を引き上げるべく、行動を起こした。合法性に疑問のあった四つの会社に対して、それらを規制するための告知を裁判所に請求したのだった。

しかしながら、この告知はその四社の株価を急落させただけでなく、南海会社自身の株価の暴落をも結果してしまった。南海バブルの崩潰による大恐慌だった。南海バブルの崩潰による大恐慌は、株式会社というもの、に対する大きな不信感を社会にもたらした。

そして、それは、その後における株式会社という企業形態の普及、一般化を阻害することになった。

企業形態観

特許主義、そして株式会社に対する不信感に加えてこの当時の企業形態観があった。当時の企業形態観は株式会社形態の一般化にブレーキを掛けていた。

そうした企業形態観の例として、ときに引き合いに出されるのがアダム・スミス（Adam Smith）の『国富論』（一七七六年）である。

『国富論』は、株式会社のように資本と経営とが分離している企業形態について、その効率性の低さを指摘する。

「株式会社の事業は、つねに取締役会によって運営されている。もっとも、取締役会は、多くの点で株主総会から統制されることがしばしばある。けれども、株主の大部分は、会社の業務についてなにごとかを知ろうとはめったに主張しないものであって、自分たちのあいだに党派心でもはびこらぬかぎり、会社の業務の世話などはやかず、取締役が適当と考えておこなう半年または一年ごとの配当をうけとり、それで満足しているのである。……このような会社の取締役たちは、自分自身の貨幣というよりも、むしろ他の人々の貨幣の管理者なのであるから……自分自身の貨幣を監視するのと同一の小心翼々さで他の人々の貨幣を監視することをかれらに期待する訳にはいかない。……かれらは……注意を怠るのをなんとも思わない。それゆえ、このような会社の業務の運営には、怠慢や浪費が多かれすくなかれつねにはばをきかせざるをえない。外国貿易を営む株式会社が個人冒険者との競争をめぐったに継続できなかったのもこのためである。したがって、こういう会社が排他的特権なしで成功したためしはきわめてまれであり、それがあっても成功しなかったことがしばしばある」[4]。

4　アダム・スミス／大内兵衛、松川七郎（訳）『諸国民の富（四）』一九六六年、九一～九二頁。

結局のところ、『国富論』は資本と経営が一体となった形態をもって最も効率的な企業形態とするのである。

ただしまた、『国富論』は、一般の商工業よりも社会性が高く、巨額の資本を必要とする事業については、株式会社のような形態が適当とし、その具体的な例として、銀行、保険、運河、水道を挙げている。

「株式会社が排他的特権なしでも成功的に営むことができそうに思われる事業は、そのあらゆる活動を日課に還元してしまえる事業、つまり、そういう活動をほとんどまったく変更する余地のない型にはまった方法に還元してしまえる事業だけである。この種のものとしては、第一に銀行業、第二に火災・海難および戦時捕虜に対する保険業、第三に航行可能な掘割または運河を開設したり維持したりする事業、そして第四に、大都市への給水というこれと類似の事業がある。……こういう会社の設立を完全に合理的なものにするためには、その運営が厳格な規則や方法に還元しうるという事情に加えて、他の二つの事情がともに作用しなければならない。すなわち、第一に、その企業がふつうの事業の大部分のものよりもいっそう大きくて一般的な効用をもつものであること、第二に、それが……巨額の資本を必要としていること、こういう二つの事情がもっとも明白に立証されなければならないのである。……上述の四つの事業においては、これらの事情が双方とも同時に作用している」[5]。

いずれにしても、株式会社の効率性に対するこうした「きわめて悲観的」[6]な理解は産業革命を経て一九世紀の中葉に至るまでの実情と適合していた。

産業革命は事業に要する資本の増大をもたらしたが、株式会社という企業形態は一般の商工業において直ちに採用されることにはならなかった。

株式会社という企業形態の一般化は、後述のように、いくつかの法律が制定をみる一九世紀の後半になってからのことだった。

5 アダム・スミス／大内兵衛、松川七郎（訳）『諸国民の富（四）』一九六六年、一一六〜一一九頁。
6 竹本洋一『『国富論』を読む――ヴィジョンと現実』二〇〇五年、二七九頁。

株式会社の一般化は

①バブル会社禁止法における**特許主義**、

②バブルの崩潰がもたらした株式会社に対する**不信感**、

そして

③資本と経営の分離に否定的な**当時の企業形態観**

によってブレーキを掛けられたのだった。

第四節　株式会社の一般化

産業革命

イギリスの産業革命は、その期間としては、一八世紀の後半から一九世紀の前半まで、より厳密に区切れば一七六〇年代から一八三〇年頃までのこととして捉えられている。周知のように、世界で最も早く、自生的に産業革命を成し遂げ、「世界の工場」と称されるようになったイギリスだった。

この産業革命の中核部門として綿工業を挙げることについては異論も少なくないが、少なくともその初期において綿工業のもつ意味は大きく、産業革命の一大要因たる技術革新はこの綿工業の周辺に多くをみることができる。

ジョン・ケイが発明した飛び杼は一八世紀後半に綿工業に導入されて普及し、また、リチャード・アークライトの水力紡績機に代表される紡績機の改良、エドモンド・カートライトの動力織機などと続く。さらにまた、自身が蒸気機関の発明者というわけではなかったが、それに改良を重ねたジェームズ・ワットがマシュー・ボールトンと経営したボールトン&ワットの蒸気機関は紡績機に用いられた。

ちなみに、「産業革命がはなばなしく進行する中、会計と経営は一五世紀からさしたる進歩がなく、今日ではあたりまえの原価計算さえ行われていなかった」[7]状況下、「それでも、正確な会計が事業を支える土台だと認識している事業家は少なからずいた」[8]としてその例にワットとボールトンが挙げられる。


「ワットは、会計の重要性を身に染みて理解していた。徒弟時代に父親からお金を借り、借金を返すために、そして自分の財務状況を父親に知らせるために、毎日

7　ジェイコブ・ソール／村井章子（訳）『帳簿の世界史』二〇一五年、二一〇頁。
8　同右、二一〇頁。

一二時間以上働いてから複式簿記で帳簿をつけていたのである。……ボールトンも会計を重視し、帳簿は設備の一部だと述べている。科学に欠かせない注意と正確性が会計にも必要だ、というのが彼の口癖だった。……ワットは……他の会社にスパイを送り込んで、どんなふうに帳簿をつけているかを調べさせたという。ワットは、会計が競争優位になりうることを理解していた最初の実業家の一人だった」[9]。

閑話休題。ただしまた、何といっても、産業革命の基底にあったのは鉄、そして石炭だった。

エイブラハム・ダービーによるコークス製鉄法の発明は石炭の用途を拡大、また、ボールトン&ワットの蒸気機関との併用によって、石炭（コークス）を燃料とする製鉄が普及、石炭生産量の増大にも繋がった。

産業革命は素材としての鉄とエネルギー源としての石炭を基底とした、といわれる所以である。

鉄と石炭は蒸気機関に繋がり、そしてまた、交通革命をもたらすことになった。鉄工業と石炭業の発展には重い物資を輸送する手段の存在が不可欠だったから、である。

その一つは運河であって、一八世紀の後半の運河建設熱の高まりは「運河マニア」と呼ばれる。

道路の整備は一八世紀の前半から進められてはいたが、重い物資の大量輸送には限界があって、それを果たすことができるのは水路だった。ブリッジウォーター公によって石炭輸送のために建設された運河を最初として、一八世紀の末までには主要な工業地域と大消費地を結ぶ運河網がイギリス中に張り繞らされた。

そして、この交通革命は鉄道マニアによって引き継がれ、完成する。

ジョージ・スティーブンソンが実用化に成功、ストックトン、ダーリントン間に蒸気機関車を走らせたのを契機として、鉄道建設は進み、鉄道業への投資熱が最高潮に達した一八三〇年代ないし一八四〇年代の鉄道マニアへと繋がるのだった。

いずれにしても、鉄道のそもそもの目的は石炭輸送であって、石炭によって作られた鉄によって作られた蒸気機関車が鉄によって作られた線路を石炭を載せて石炭によって走った、のだった。

交通革命、その前半の担い手は『国富論』が株式会社という企業形態を認めた運河だっ

9　同右、二二〇〜二二一頁。

たし、後半の担い手たる鉄道も、社会性が高く、巨額の資本を必要とする事業だった。バブル会社禁止法によって採用された特許主義は会社の設立というものを困難にしていた。特許を受けるのは至難だった。

そうしたなかにあって、『国富論』のいうような、社会性が高く、巨額の資本を必要とする事業は、どれも、例えば「○○から○○を経て○○に到る○○鉄道の運営を目的とする○○鉄道会社を設立するための法律」といったような名称の個別法という特許によって、法人格をもった会社として行われていた。

バブル会社禁止法の廃止

バブル会社禁止法は、その規定の曖昧さもあって、実際にはほとんど適用されることなく次の世紀を迎えるに至った。

一九世紀に入ると、ナポレオン戦争によってポルトガルやスペインの植民地支配力が衰え、イギリスにとってそれは南アメリカの市場がもたらされる結果になった。

投機的な輸出熱が生じ、その熱はやがて国内にも伝染、一八〇八年を頂点とする投機ブームがもたらされ、許多の法人格のない株式会社が生まれ、状況は南海バブルの再来を予見させるものだった。

そうしたなか、それまで休眠状態にあったバブル会社禁止法がにわかに甦らされ、同法違反による訴訟が相次いで起こされたが、法廷の判断は一様でなく、そうした状況は同法の規定の解釈や同法の存在意義を繞る論議を引き起こすに至った。

さらに、一八二四年ないしその翌年の好況期は、その間に行われた公債の利率引き下げが人々をしてそれに代わる投資先を求めさせ、またもや投機ブームがもたらされた。とりわけ南アメリカの鉱山会社への投機熱は異常を極め、それは国内にも伝染、株式会社の設立ブームをもたらすことになったが、そこに生まれた会社の多くは株式会社という形態が適当とはいえないもの、あるいはバブル会社といってもよいようなものだった。

そして、そうした事態は、またもや、株式会社の規制に関する論議に火を付けることになった。

しかしながら、もはや人々はバブル会社禁止法の規制力を疑問視していたし、レッセ-フェールの思潮（簡単にいってしまえば、規制をしない、という考え方）は法人設立の自由化政策の主張へと繋がり、バブル会社禁止法の廃止、そして株式会社に関する法の整備が求められた。

しかし、そこで実現をみたのはまずはバブル会社禁止法の廃止だけだった。

実質的な内容を伴う（バブル会社ではない）株式会社の設立主体たる産業資本家たち、そうした彼らの声は会社設立の自由を求めたが、それが叶えられるまでにはまだ若干のときを要した。

会社法の近代化と株式会社の一般化

イギリスにおける会社法の近代化プロセスはおよそ二〇年後に始まった。

当時の急速な経済発展は周期的な景気変動を随伴し、寄せては返す恐慌の波は相次ぐ破産を結果したが、しかし、そうした破産はバブル会社ゆえのことだったり、また、しばしば不正行為を伴うものだった。他方、レッセ‐フェールの思潮を背景とした産業資本家たちの声を首めとする輿論は法人設立の自由化を要求した。

そして、そうした状況によって迫られたのは法の整備だった。

さまざまな議論を経て一八四四年の株式会社法が制定をみた。

この法律は、会社の設立について、従前の特許主義に代えて**準則主義**を採用した。

バブル会社禁止法において採用された特許主義は、前述のように、法人の設立に際して国家による個々的な特別の許可を必要とするものであって、その具体的な方法としては、特別の立法による許可と国王による特別の許可（勅許）があるとされるものだった。

それに対するこの準則主義においては予め法律によって一定の要件が規定しておかれ、

その要件を具備している場合には当然に法人格を認める、というゆき方だった。

ただし、通常は不正な設立などの防止を目的として、その内容を公示させるために登記が要件とされ、したがって、つまるところは、単に登記だけによって会社を設立することができるというものだった。

なお、鉄道会社を首めとする公益事業会社については個別法等にもとづく設立方式が残されていたことから、そうした類いの会社を対象とする会社法が別に制定された（一八四五年の会社約款統一法）。

バブル会社禁止法の採用した特許主義は多くの法人格のない株式会社を生んでいた。事業を起こそうとする人たちは法人格を望んでいたとしても、特許を受けるには有形無形の大きなコストが掛かった。それには多額の費用と多くの時間を要し、法人格の取得は非常な難事だった。

しかしながら、そうしたなかにあっても、例えば鉄道会社などは、事実上、法人格のない株式会社としては設立することができなかった。個別法によらなければ手にすることのできない特権があったからである。

例えば土地の強制収用の権利、これがなければ鉄道の建設は不可能だった。

さらにまた、鉄道を建設するためには比類をみないほどの莫大な資本が必要になるが、そうした資本を広く調達するためには個別法によって認可された法人であることが不可欠だった。一般の会社について出資者の**有限責任**が認められるのは一八五五年以降のことだったが、鉄道会社については、個別法により、早くからそれが認められていた。有限責任は株主を保護するものであって、したがって、人々の出資を促進し、事業を起こそうとする人たちにとっては資本の調達を容易にする。

準則主義が手に入ったいまとなっては、事業を起こそうとする人たちに残された関心の在処はまず有限責任だった。

ことに一八四五年から一八四八年に掛けての不況により、出資者の有限責任を求める輿論は高まりをみせ、曲折はあったものの、そこで生まれたのが一八五五年の有限責任法だった。

この法律により、準則主義の下、法人格を得る会社について、その出資者の有限責任というもの、すなわち、株主の責任をその出資額に限る、ということが認められたのだった。さらに、翌一八五六年の株式会社法は会社の登記方法をより近代化し、そして一八六二年の会社法が生まれる。

会社に関する最初の綜合的な法律、近代的な会社法の嚆矢などとされる一八六二年の会社法だった。

「会社に関するマグナ・カルタ（大憲章）」とすら呼ばれるこの法律は従前のいくつかの法律を廃止、それらを改変の上、統合したものだった。

このようにして会社法の近代化はとりあえずの完成をみた。

そこには準則主義、そして出資者の有限責任があった。

こうした会社法の近代化プロセスは、いうまでもなく、株式会社制度の形成プロセスと相即不離のものとして捉えられ、株式会社という企業形態は一九世紀の後半に至って漸くその一般化をみたのだった。

第四章　発生主義

第一節　発生主義と現金主義

発生主義

今日の会計は一般に「発生主義会計」と呼ばれる。

発生ないし発生主義とは何だろうか。

「発生」という概念はかなり抽象度が高く、したがって、その意味の解釈にはかなりの幅がありうるだろう。ただし、この発生主義については「発生」という概念それ自体の意味よりも重要なこと、別言すれば、発生とは何か、といったことよりも重要な存在意義が認められる。

発生主義会計における「発生主義」という呼称は通常は「現金主義」とvs.の関係にあるものとして用いられ、また、一般に会計は［現金主義会計→発生主義会計］と移行してきたとされている。

厳密な議論はこれをさて措けば、現金主義会計はまずは、現金ないし現金収支をもって利益計算を行う会計、として捉えられるだろうが、いずれにしても、これとvs.の関係にある「発生主義会計」という概念ないし呼称のまずもっての意義は非現金主義会計、すなわち現金主義ではない会計を意味しているところにあり、これは例えば次のような発生主義の定義にも看取されるだろう。

「発生主義とは、現金収支のいかんにかかわらず、発生の事実にしたがって、費用収益を算定する会計処理の基準である」[1]。

「現金の受払いとは関係なく、収益または費用をその発生を意味する経済的事実に基づいて計上する基準を発生主義という」[2]。

「発生主義とは、現金支出が行われたか否かを問わず、費用の発生事実をもってその計上を行う考え方である」[3]。

---

1 黒澤清『財務諸表論』一九七六年、一九六頁。
2 飯野利夫『財務会計論』一九七七年、二九九頁。
3 広瀬義州『財務会計（第九版）』二〇〇九年、四八八頁。

敷衍すれば、例えば「今日の会計は発生主義の会計である」といった言い方に込められたまずもってのメッセージは「今日の会計は現金主義の会計ではない」ということにほかならず、したがって、［現金主義会計→発生主義会計］の移行はまずは［現金主義の会計→そうではない会計］の移行、すなわち［現金主義会計→非現金主義会計］の移行として捉えられるだろう。

現金主義

前項に述べられたように、発生主義会計の第一の意義を、現金主義ではない会計であること、に求めるのなら、まずは現金主義の意味を確認しておく必要があるだろう。

前項ではとりあえず「厳密な議論はこれをさて措けば、「現金主義会計」はまずは、現金ないし現金収支をもって利益計算を行う会計、として捉えられるだろう」としたが、これを厳密に考える場合に問題となるのは「現金ないし現金収支」という点、すなわち、現金主義会計は現金をもって利益計算を行う会計なのか、それとも、現金収支をもって利益計算を行う会計なのか、という点である。

これは具体的には当座企業における利益計算をどう捉えるか、すなわち、**清算という形をもってする利益計算を現金主義の利益計算とみるかどうか**、の問題である。

既述のように、今日の会計は継続企業を前提として行われているが、これも既述のように、この継続企業とvs.の関係にあるのが当座企業であって、この当座企業における利益計算は清算という形をもって行われていたとされ、そうした当座企業の典型例として中世イタリア商人による地中海貿易が第二章において挙げられ、「船がイタリアに帰ってくる。輸入品を販売し、さらには船も売り払って、すべてをカネに換える。そのカネでもって例えば乗組員に未払いの賃金があればそれを払い、また、最初にそれぞれが出した元手が出した者に返される。そして、差し引き残ったものが利益、だった。［残ったカネ＝利益］だった」と説明された。

このように、すべてを売って換金し、払うべきものを払い、返すべきものを返し、最後に残った現金がイコール利益、とするのが清算という形の利益計算だが、こうした当座企業における利益計算は、或る意味においては現金主義だったが、或る意味においては現金主義ではなかった、ともいえるだろう。

当座企業の場合、収入・支出がすべて終わったあとの現金をもって利益が計算・把握される。したがって、そうした意味において、すなわち、現金をもって利益が計算・把握される、という意味においては、当座企業における利益の計算は現金主義だった、ともいえよう。

しかしながら、現金主義は現金収支をもって利益計算を行う、すなわち、現金主義は現金収入があったときに収益を認識し、現金支出があったときに費用を認識する、とするのなら、当座企業における利益の計算は現金主義ではなかった、といえよう。というのは、当座企業における利益の計算は［収益－費用］とするものでも［現金収入－現金支出］とするものでもないからである。

当座企業における利益の計算は、現金収支にもとづく計算、ではなくして、（現金収支の結果としての）現金の在り高にもとづく計算、だったということである。

ただし、他方、当座企業における利益の計算を現金主義とする次のような解釈もある。


「中世の冒険商人が一航海ごとに行った損益計算のように、設立から解散までの期間の純損益を確定する損益計算制度を、今日行われている期間損益計算制度に対して全期間損益計算制度または全体損益計算制度とよぶ。そして中世のこの制度のもとでは、現金主義会計が一般に行われた。すなわちその制度のもとでは、設立から解散までが一つの会計期間と考えられ、現金収支と収益の獲得または財貨等の費消はすべてその期間内で行われたので、それは計算上の経済性と確実性において合理的な損益計算であったからである」[4]。

このように「設立から解散までが一つの会計期間と考えられ、現金収支と収益の獲得または財貨等の費消はすべてその期間内で行われた」ということは「その期間の現金収支差額＝その期間の利益額」ということを当然に意味するだろうが、しかしながら、「その期間の現金収支差額＝その期間の利益額」ということは、その利益が現金収支をもって計算された、ということを当然に意味するものではない。なお、いずれにしても、当座企業における利益の計算を現金主義とするこのような解釈の前提には次のような現金主義の解釈がある。

「いつ収益または費用として認識するのかという、収益または費用の期間帰属に関する最も単純な基準は、収益は収入された時または期に、費用は支出の行われた時または期に計上する基準である。この基準を現金主義といい、このように収入額と支出額との差額をもって損益とする損益計算ないし会計方式が、現金主義会計とよ

4　飯野『財務会計論』二九九頁。

ばれる」[5]。

既述のように、今日の会計は一般に「発生主義会計」と呼ばれる。

しかし、これは今日の会計が専ら発生主義というものにもとづいていることを意味するものではなく、例えば「発生主義的会計構造は……収益・費用の認識に関する基本原則である発生主義の原則、実現主義の原則、および費用・収益対応の原則を支柱とする利益計算構造として規定することができる」[6]などと説明され、ここには「発生」に加えて「実現」や「費用・収益対応」などといった用語・概念がみられるが、「実現とは何か」や「対応とは何か」はこれらが会計（学）において頻繁に云々されるのに対して、「発生とは何か」が云々されることはあまりない。

「発生」

発生主義はときに「発生原則」などとも呼ばれるが、これについては「発生原則とは収益・費用を発生にもとづいて認識・計上することを求めるものである」といった類いの定義・解釈は示されるものの、「発生とは」への言及はないことが少なくなく、すなわち、「発生とは何か」が云々されることはあまりない。これはやはり「発生原則とは収益・費用を、現金収支ではなく、発生にもとづいて認識・計上することを求めるものである」といったように、まずは「発生」という概念それ自体よりも「発生＝非現金」という点にこそ意味があるからだろうし、このように考えると、「発生」は一般用語であって、会計（学）の専門用語ではないように思えてくる。

他方、「実現」や「費用・収益対応」は会計（学）の専門用語であり、したがって、「実現とは何か」や「対応とは何か」が盛んに論じられてきているが、本書はこの点には深入りしない。

第二節　現金主義から非現金主義へ

非現金主義への移行とその要因

まずは「現金主義→非現金主義」の移行について、その粗筋をみておこう。

既述のように、現金主義は、一つの理解によれば、現金収支、すなわちカネの出入りにもとづいて利益を計算・把握するものだが、当座企業の場合、そうした利益の計算は次の

5　同右、二九八頁。

6　山桝忠恕、嶌村剛雄『体系財務諸表論　理論篇』一九七三年、四四頁。

ように行われる。

> 全生涯に入ってきたカネ－全生涯に出ていったカネ＝利益

他方、継続企業において期間計算を行う場合、例えば或る期間に或る商品を一〇〇万円で仕入れて（一〇〇万円を支払って）一五〇万円で販売した（一五〇万円を受け取った）とすると、その期間における利益の計算は次のように行われる。

> その期に入ってきたカネ　一五〇万円－その期に出ていったカネ　一〇〇万円
> ＝利益　五〇万円

さて、ここで［現金主義→非現金主義］の移行をもたらすものは二つあり、一つは信用取引、いま一つは固定資産である。

現金主義からの離脱は信用取引の一般化をもって始まり、非現金主義は固定資産の増加

（による減価償却の成立）をもって確立をみる。

信用取引

まずは信用取引、すなわち、例えば、商品の販売はその期に行われたが、代金の受け取りはまだ、といったような取引である。つまり、問題は、商品の販売についていえば、販売と代金の受け取りが期間をまたがる場合に生ずる。

こうした取引が一般化をみてくると、必ずしも、カネの出入り、だけにもとづくことなく、商品は売ったが、代金の受け取りはまだ、という場合、そこに債権が生じたという事実をもって利益を計算・把握するようになる。

信用取引はすなわち、例えば、代金は来年の○月○日に、といった約束で商品を売る、という取引だが、その場合、売り手には来年の○月○日に代金を受け取る権利、すなわち債権が生ずる。

こうした場合の債権は「売掛金」と呼ばれるが、例えば或る期間に或る商品を一〇〇万円で仕入れて（一〇〇万円を支払って）一五〇万円で販売したが、代金の受け取りはまだ（一五〇万円の売掛金が生じた）とすると、次のようになる。

その期に生じた売掛金　一五〇万円－その期に出ていったカネ　一〇〇万円
＝利益　五〇万円

固定資産

次は固定資産である。

会計においては、例えば商品のように短期的に出たり入ったりする資産を「流動資産」と称し、他方、例えば建物や機械のように少なくとも短期的にはそうした動きのない資産を「固定資産」と称する。

さて、例えば或る機械を五〇万円で購入した（五〇万円を支払った）とし、その他は前例と同じとすると、現金主義においては次のようになる。

一五〇万円－一〇〇万円
－機械の購入によってその期に出ていったカネ　五〇万円
＝利益　〇円
式①

しかし、ここで一つ疑問が生ずる。

この機械は、購入したのはその期だが、使用するのはその期だけではない、ということである。

この機械が例えば一〇期間は使用することができるとすると、この機械は一〇期間にわたって企業の経済活動に用いられ、すなわち、一〇期間にわたって利益を得るために使用されてゆくのに、この五〇万円を全額、購入された期、一期間の利益の計算に入れてしまってよいのか、ということである。

そこで出てくるのが、この五〇万円を一〇期間に配分する、というゆき方である。

これを「減価償却」と呼ぶが、まずは難しいことはさて措き、このゆき方によれば（この減価償却にも色々なやり方があるが、最も単純なやり方によれば）、次のように一期分の金額が計算される。

五〇万円 ÷ 一〇期 = 五万円　式②

こうして計算されたものは「減価償却費」と呼ばれ、利益の計算は次のように非現金主義として行われることになる。

一五〇万円－一〇〇万円－その期の減価償却費　五万円
＝利益　四五万円
式③

清算以外の現金主義はあったのか

これまで述べてきたような、信用取引と固定資産がもたらした［現金主義→発生主義］の移行、という理解についてはこれを疑問視する向きもみられる。

例えば、信用取引の一般化はつとにみられた、ということを理由に「「現金主義から発生主義へ」……は、明らかに歴史的事実と反する解釈なのである」[7]とする向きは「複式簿記を発生させた最大の要因が信用取引であり、その結果、債権・債務の備忘録として歴史の舞台に登場したのである」[8]として「複式簿記は、生まれながらにして、発生基準によって収益・費用を認識していたのである」[9]とし、また、固定資産の増加にかかわる問題は「一九世紀以降の話であり、発生基準の生成時点の論議とは、無関係である」[10]としている。

しかしながら、筆者としては、例えば「一九世紀以降の話であり、発生基準の生成時点の論議とは、無関係である」という指摘について、どうして「発生基準の生成時点」を「一九世紀以降」としてはならないのか、という疑問があるが、他方、筆者は、これとは別の点において、［現金主義→発生主義］に疑問がないでもない。

第一節に述べられた、当座企業の清算は現金主義か、当座企業の清算をどうみるか、という問題を踏まえて考えると、［当座企業→継続企業］と［現金主義→発生主義］の関係には、**図表４**に示されているように、いくつかのパターンが考えられる。

図表４の①と④は清算を現金主義とみる場合、②と③は

---

7 渡邉泉『歴史から学ぶ会計』二〇〇八年、一〇四頁。
8 同右、一一一頁。
9 同右、一一一頁。
10 同右、一一一頁。

図表4 ［当座企業→継続企業］と［現金主義→発生主義］の関係

	当座企業 →	継続企業	
①	現金主義	発生主義	
②	－	現金主義	発生主義
③	－	発生主義	
④	現金主義	現金主義	発生主義

清算を現金主義とみない場合だが、ここでの問題は②と④に関する問題、すなわち、継続企業における現金主義に関する問題、別言すれば、清算ではない場合の現金主義に関する問題である。

要するに、第一節に述べられたような、清算は現金主義か、という問題ではなくして、清算以外の現金主義はあったのか、という問題である。

前述のように、現金主義は、簡単にいってしまえば、カネの出入りにもとづいて利益を計算・把握するものだが、会計における〔収益－費用＝利益〕という関係を踏まえて別言すれば、カネが入ってきたら収益を認識し、カネが出ていったら費用を認識する、ということで、乱暴な言い方をすれば、カネの入りは収益、カネの出は費用、ということである。

しかしながら、カネの出は費用、ということは、何かを現金で買った場合、その何かは財産（資産）として記録されない、ということになってしまう。

すなわち、○○を現金で買った場合には、購入代金が支払われるとともに、その○○が所有物になり、したがって、（第一章に述べられたような複式簿記（複式記入）において）この取引は、現金という資産の減少という事象、および、○○という資産の増加という事象、の二事象からなっているとして把握されるはず、だが、しかし、現金主義の場合は、カネの出は費用、ということだから、現金という資産の勘定の相手としては、○○という資産の勘定（実在勘定）ではなくして、○○購入費という費用の勘定（名目勘定）が用いられる。

敷衍すれば、現金主義の場合は○○購入費勘定という名目勘定が用いられ、第一章に述べられたように、費用の勘定は資産の減少の原因（ないし負債の増加の原因）を示すため、この勘定を用いることによって、現金という資産の減少、および、その原因としての○○購入費の支払い、という二面的な把握がなされる、というわけである。

しかし、ということは、（○○購入費の支払いは記録されるが）○○という資産の増加（取得）は記録されない、ということで、さらにいえば、○○という資産を取得し、所有しているにもかかわらず、○○という資産の存在は記録されない、ということである。

はたしてそのようなことが行われていたのだろうか。

そういった意味においては、継続企業における現金主義（図表4の②と④）、には疑問が生じ、［現金主義→発生主義］が成り立つのは清算を現金主義とみる場合、図表4についていえば、①の場合だけ、ということになる。

第三節　減価償却

固定資産の認識

第二節に述べられたように、発生主義、すなわち非現金主義は減価償却というゆき方をもって行われるが、この減価償却の成立、その出発点は産業革命期における固定資産の著増だった。

蒸気機関の改良を首めとするさまざまな技術革新を受けて起こった産業革命は、生産形態については、手工業生産から機械による大規模工場生産への展開を意味し、したがって、それは機械や工場の建物といった固定資産の著増をもたらすものだった。それにまた、産業革命によってもたらされ産業革命を支えた交通革命、そのなかに登場してきた運河業や鉄道業は、そもそも固定資産（例えば船舶や車輌や線路）の存在なくしては存立することのできないものだった。

そうした固定資産が増加をみ、そうした固定資産の存在が認識・意識されたところに、減価償却の考え方が出てくる。

固定資産というものをどのように利益の計算に関連付けるか、というところにこそ近代会計はある、とすらいわれるのである。

いい切ってしまえば、減価償却思考の確立こそが近代会計の成立であって、この減価償却思考の確立に先立つものは固定資産というものの認識だった。

固定資産を知ったとき、そのとき、そこに近代会計がみえてくるのだった。

固定資産を知った、ということは、すなわち、資産には、短期的に出たり入ったりするもの、と、少なくとも短期的にはそうした動きのないもの、この二種類のものがある、ということを知った、ということだった。

減価償却の停滞

このようにして、「固定資産の占める割合が相対的に大きくなってきたときに……減価償却が会計問題として大きくクローズアップされるに至った。時代的には、一九世紀前半になってからのことと理解して大きな問題は無い」[11]とされ、前述のように、産業革命は機械による大規模工場生産への展開を意味し、そこにおける生産設備は固定資産の認識、ひいては減価償却をもたらすはずだった。

11　渡邉泉『損益計算の進化』二〇〇五年、一一一～一一二頁。

しかしながら、当時の企業においては生産設備を賃借しての経営が一般的であって、そうした賃借経営から自己所有経営への移行は一九世紀の後半以降のことだったし、他方また、そうしたなか、鉄道業は、当初より、多くの固定資産を自ら所有して営まれ、自己所有の固定資産の存在は減価償却へと繋がり、事実、例えば一九世紀前半の鉄道業には減価償却の存在をみることができるが、「減価償却」という概念をもって意味されるものは必ずしも一様ではなく、したがってまた、その実践は多様だった。

そして、何よりもまずは**配当政策**の問題があった。

鉄道会計史家の村田直樹は次のように述べている。

「一八四五年からの鉄道マニアとそれに続く一八四七年の恐慌を契機として、鉄道会社は株主信用の回復を意図して、株主の要求に応える形で、公表する財務諸表をより詳細にし、量的な拡大を図った。……しかし、開示する財務諸表作成の基礎となる現金主義あるいは発生主義の問題は、一般に説明されているように一八四五年からの鉄道マニアを通して、鉄道会計が現金主義会計から発生主義会計に一気に移行したわけではない。配当利益計算と財産の保全計算を重要な使命とする初期の鉄道会計では、現金による料金収入と保全のための支出を中心に会計システムが構築されており、配当源泉の資金的裏付けが明確な現金主義会計が用いられていた。し、たがって、、初期の鉄道会社が、現金主義会計から発生主義会計への転換をできなかったのは、現金主義では計上する必要のない減価償却費や繰延費用項目を計上することで、配当の原資を失うことをおそれたからである」[12]。

一九世紀前半の鉄道業には減価償却の存在をみることができる一方、配当を増やすためにする減価償却の減額や中止もまた少なからずみることができる。第二節の式③（一五〇万円－一〇〇万円－その期の減価償却費　五万円＝利益　四五万円）からも分かるように、減価償却の減額や中止は利益の増額を意味し、したがって、配当（利益の分配）を増額しうることを意味する。そして、そうした減価償却の減額や中止の背景

12　村田直樹「株式会社会計における財務報告の源流」千葉準一、中野常男（責任編集）『体系現代会計学［第八巻］　会計と会計学の歴史』二〇一二年、一七五～一七六頁。
ただし、「配当源泉の資金的裏付けが明確」という現金主義の利点と「減価償却費や繰延費用項目を」「計上する必要のない」という現金主義の利点は意味を異にしており、これらを「したがって」と繋げることはできないだろう。

には、減価償却というものの意義・必要性がいま一つ認識されていなかった、という事情があった。

すなわち、意義・必要性があまり感じられないから（配当を増やすために）止めることができた、ということである。

減価償却の一つの意義には、その固定資産の取り替えのための資金の蓄積、というものを挙げることができ、これは次のように概説することができる。

減価償却を行うことによって、その額（減価償却費の額）だけ利益が少なくなり、したがって、配当が少なくなり、（配当として出資者（株主）に支払われて）企業の外に出てゆくカネが少なくなる。企業の外に出てゆくカネが少なくなるということは、すなわち、その分だけ企業の内部に資金が蓄積されるということであって、将来、その固定資産が使用できなくなって取り替える必要が生じたときに、この資金をもって取り替え（新しいものの購入）を行うことができる。

当時、既に理解されていたこうした減価償却の意義は、しかしながら、直ちには減価償却の必要性の認識に繋がらなかった。

それは、取り替えということそれ自体が遠い遠い将来のことでしかなく、したがって、取り替えのためにする資金蓄積の肝要性が認識されていなかったからだった。

すなわち、鉄道業の固定資産は、適切な修繕などによって半永久的に維持することができる、と考えられていた。

維持のための適切な処置さえ怠らなければ、車輛にしても線路にしても、かなりの間、使用し続けることができると考えられていた。

例えば交通経済学の分野で鉄道運賃論をもって知名のダイオニシアス・ラードナー(Dionysius Lardner)によれば、優れた技術者たちの間でも、鉄道の耐用年限は極めて長く、軌条の衰耗はまったく無視しうるほど僅かなものである、との考えが一般的であって、適切に敷設された軌条の耐用年数は一〇〇年ないし一五〇年といわれていた[13]。

もっとも、非現金主義は既に確立をみていた。

それは、第二節の式①のようなことはしない、ということだった。

例えば車輛は半永久的に使用することができると考えられている場合、半永久的に鉄道

13 Dionysius Lardner, *Railway Economy: A Treatise on the New Art of Transport, Its Management, Prospects and Relations, Commercial, Financial, and Social, with an Exposition of the Practical Results of the Railways in Operation in the United Kingdom, on the Continent, and in America*, 1850, p. 42.

業の経済活動に用いられ、すなわち、半永久的に利益を得るために用いられてゆく車輛、その購入によって出ていったカネを全額、購入された期、一期間の利益の計算に入れてしまうようなことはしない、ということだった。

式①のようなことはしないが、減価償却もしない、ということは、すなわち、半永久的、をもって、無限数期、と考えれば、第二節の式②の「÷一〇期＝五万円」はこれが「÷無限数期＝〇円」になる、ということだった。

減価償却の一般化

ただしまた、しかしながら、やがて減価償却の実践は一般化をみる。

その事訳の一つは固定資産観の変化、すなわち従前の固定資産観が疑問視されるようになったことだった。

物理的には使用し続けることのできる固定資産であっても、その陳腐化などを考慮した場合には、いくら適切な修繕などを行っても経済的には半永久的に使用し続けることはできない、ということが経験上、明らかになっていったからだった。

第五章　会計士監査制度

第一節　会計と監査の意義

会計とは何か

序章に述べられたように、会計はこれを、財産管理行為に関する委託・受託の関係を維持するために、その受託者が自分の行った財産管理の顚末を貨幣数値をもってその委託者に説明する行為、として捉えることができるが、これは次のように敷衍される。

会計は説明行為の一つであって、或る特定の状況において行われる説明である。その特定の状況とは、財産の持ち主が、誰かほかの人に頼んで、自分の代わりに財産を管理してもらっている、という状況である。別言すれば、それは、財産の管理という行為について委託・受託の関係が存在している、という状況であって、さらに別言すれば、そこには資本と経営の分離が前提されているということである。

さてそこで、こうした関係が存在しているという状況において、財産の持ち主は財産管理行為の委託者、財産の管理者はその受託者ということになり、他方、「資本と経営の分離」という場合における「資本」とは資本の持ち主のことであって、ここにいう委託者に該当し、また、「経営」は経営者のことであって、ここにいう受託者に該当する。

いずれにしても、会計はこうした関係において行われる説明、すなわち、会計とはここにおける受託者がその委託者に対して行う説明である。

また、何を説明するのかといえば、ここにおける受託者は自分が引き受けた行為の顚末、すなわち、どのようにして財産管理を行ってきたのか、ということについて説明するのである。

とどのつまり、会計とは、財産管理行為の受託者が自分の行った財産管理の顚末をその委託者に説明する行為、なのである

会計の意義・目的

では、会計の意義・目的は何か。

ここでは「納得」という概念が用いられる。

結論からいえば、会計の目的は、委託・受託の関係を納得させること、すなわち、資本と経営の分離という状態を納得させること、にある。

会計という行為は財産管理の受託者（経営者）によるその委託者（株主）に対する行為

だが、そこでの経営者（会計を行う者）の目的は、株主（会計という説明を受ける者）を或る望ましい状態におくこと、にある。

望ましい状態とは何か、といえば、ここにいうそれは、委託・受託の関係に納得している状態、すなわち、資本と経営の分離という状態に納得している状態、である。

資本と経営の分離という状態は財産の持ち主（株主）が自分の財産がどのように管理されているかというその顚末、財産管理の顚末をじかには目にすることができないという状態である。

自分の代わりに経営者に財産を管理してもらっている株主には、自分の財産がちゃんと管理されているかどうか、自分の財産がどうなっているか、が分からない。

そうした株主は、このまま委託・受託の関係を続けていってよいものかどうか、と考える。

そこで経営者は株主を納得させなければならない。経営者は、委託・受託の関係を維持するために、すなわち資本と経営の分離という状態を維持するために、株主を納得させなければならない。

委託・受託の関係を維持するということ、すなわち資本と経営の分離という状態を維持するということは、つまるところ、経営者が経営者としての自分の地位を維持するということである。

そしてそれは、「貴方の財産は私がちゃんと管理していますよ」といったような説明、すなわち会計を行うことによって果たされる。

他方、会計という説明を受ける株主は納得しなければならない。納得のゆかないまま資本と経営の分離という状態を続けてゆくことは難しいのであって、したがって、納得の不在は委託・受託の関係の解消に繋がるからなのである。

委託・受託の関係というものは、委託者からでも、あるいは受託者からでも、どちらの側からも解消することができるが、ただし、そうはいっても、この関係の解消を欲しない気持ちが受託者の側において遙かに強いことはいうまでもない。

株主には経営者を馘にする権利があるし、また、株を売り払ってしまう権利もあるが、経営者には辞職の権利しかない。

そうした意味において、そもそも**会計というものは経営者のためにこそある、**ということもできるのである。

監査の意義

会計とは相即不離の関係にあるものに監査という行為がある。

簡単にいってしまえば、監査とは、会計を監督・検査すること、であり、回りくどい言い方をすれば、監査とは、財産管理行為の受託者が自分の行った財産管理の顚末についてその委託者に対して行う説明を監督・検査すること、である。

いずれにしても、この監査という行為についても、その意義・目的は納得にあるということができる。

もちろん、監査を行う者は経営者ではなくして「監査人」と呼ばれる者であって、この場合の経営者は（会計を行う者として）監査を受ける立場にあり、したがって、ここにいう目的とは監査を受けることの目的である。

そして、経営者にとっての、監査を受けることの目的は、自分の行う会計について株主を納得させること、にある。

前項に述べられたことから分かるように、会計というものは経営者が自分の行った財産の管理について説明する行為であり、すなわち、自分のやったことを自分で説明するのである。

しかしながら、人はどうしても利己的に行為する。すなわち、どうしても自分に都合のよいような説明になる可能性がある。「私がちゃんと管理していますよ」といわれても、その説明（会計）がちゃんとしているかどうか、がまた問題である。株主には、自分がちゃんとした説明を受けているかどうか、が分からない。

そうした株主は、このまま委託・受託の関係を続けていってよいものかどうか、と考える。

そこで経営者は株主を納得させなければならない。経営者は、委託・受託の関係を維持するために、株主を納得させなければならない。

そしてそれは、監査を受けることによって果たされる。監査を受けることによって「私の説明はちゃんとしたものですよ」ということを示すのである。

監査とは会計がちゃんとしたものかどうかを検査し、そしてまた、ちゃんとした会計が行われるように監督することである。そして、会計は自分のやったことを自分で説明するものである。したがって、そうした意味において、会計は本来的に監査というものがなければ成り立たないはずのものなのである。

会計に関する納得の不在は委託・受託の関係の解消に繋がるが、前述のように、この関係の解消を欲しない気持ちは受託者の側において遙かに強い。

そうした意味において、そもそも**監査というものも経営者のためにこそある**、ということもできるのである。

監査の納得

最後に監査の納得という問題がある。すなわち、監査がちゃんとした監査かどうか、ということである。

「私がちゃんと管理していますよ」といわれても、その説明（会計）がちゃんとしているかどうか、が問題だった。

監査を受けることによって「私の説明はちゃんとしたものですよ」ということが示されても、その監査がちゃんとしているかどうか、がまだ問題である。

この問題は、監査人がちゃんとした監査人かどうか、と言い換えることができる。

ちゃんとした監査人、その一つ目の要件は**独立性**である。経営者とグルになっていない（馴れ合っていない）ということである。

監査とは経営者の行う会計がちゃんとしたものかどうかを検査し、そしてまた、ちゃんとした会計が行われるように監督することである。経営者とグルになっていては意味がない。

前項に述べられたように、監査の目的は会計の納得にあるが、株主が会計を納得するための監査には経営者（会計を行う者）からの独立性が求められる。会計を行う経営者が株主をして会計を納得させるための監査には（会計を行う）自分自身からの独立性が求められるということである。

会計というものは経営者が自分のやったことを自分で説明する行為であり、だからこそ、誰かほかの人が監督・検査しなければならないのであって、そうした意味において、監査というものは本来的に独立性なくしては成り立たないはずのものなのである。

ちゃんとした監査人、その二つ目の要件は**専門性**である。会計のことが分かっているということである。

監査の対象は会計である。会計のことが分かっていなければ意味がない。

監査の目的は会計の納得にあって、会計の納得のためには監査の納得が求められるということになるが、そうした株主が納得することのできる（株主をして納得させることのできる）監査には二つの要件があるのである。

その一つは前述の独立性、そしていま一つがこの専門性、すなわち、会計に関する専門的な伎倆が求められるということである。

監査の対象は会計であって、したがって、監査というものは本来的に会計に関する専門的な伎倆なくしては成り立たないはずのものなのである。

会計プロフェッション

しかしながら、株主には、監査人がちゃんとした監査人かどうか、が分からない。独立性と専門性を併せもった監査人かどうか、が分からない。

たとえ経営者に「私の会計を監査しているのはちゃんとした監査人ですよ」といわれても、本当かどうか、分からない。たとえその監査人に会って「私は経営者とグルになってなんかいませんし、会計のことも分かっていますよ」といわれても、本当かどうか、分からない。顔をみただけでは分からない。

そうした株主は、このまま委託・受託の関係を続けていってよいものかどうか、と考える。

そこで経営者は株主を納得させなければならない。

そしてそれは、会計プロフェッションによる監査、日本についていえば公認会計士による監査を受けることによって果たされる。公認会計士を監査人にすることによって「私の受けている監査はちゃんとしたものですよ」ということを示すのである。

会計プロフェッションというものの存在理由はここにある。「会計士（公認会計士）」という肩書きの存在意義はここにある。

ただし、むろん、ここには、会計プロフェッション(「会計士」という肩書き)というものに**社会的な信用**が確立していること、が前提されている。

第二節　会計プロフェッション

プロフェッション

会計プロフェッションとは何か。いや、その前に、そもそもプロフェッションとは何か。

「プロフェッション(profession)」という用語にはいくつかの意味があるが、ここにいうプロフェッションは知的な専門職のことで、もう少し具体的にいえば、知的な技倆をもって専門的なサービスを提供する職、これがプロフェッションである。

「プロフェッション」は元々は「ザ・ラーニッド・プロフェッションズ(the learned professions)」(あえて訳せば「学問的な職業」ないし「学問にかかわる職業」)と呼ばれる三つの職業、すなわち神学にかかわる職業、法学にかかわる職業、医学にかかわる職業のことを意味していた。かつて学問とは神学、法学、医学のことだったからである。

具体的にいえば、このプロフェッションというものの先駆は聖職者、法廷弁護士、内科医だった。この三種の職は晩くとも一八世紀にはイギリスにおいてプロフェッションとして確立をみていたとされ、「三つの「リベラル・プロフェッションズ」(three 'liberal professions')」(あえて訳せば「三つの「教養的な職業」」)とも呼ばれる。

そして、この三種の職に例えば事務弁護士や会計士やエンジニアなどといった新興のプロフェッションが続き、総じてプロフェッションというものはビクトリア期に確立をみるに至っている。

会計史家R・H・パーカー(R. H. Parker)によれば、「一九世紀の初頭においては聖職者、法曹、および医師のみがプロフェッショナルとして認知されていたが、この世紀の終わりまでには、会計士のみならず、エンジニア、建築家、薬剤師、獣医師、歯科医師、および保険数理士もくわえられ、また、古参のプロフェッションは再組織化された」[1]。

会計プロフェッション

さて、会計プロフェッションとは何か。

会計プロフェッションとは、具体的に今日の日本についていえば、「公認会計士」と呼ばれる職のことである。

この公認会計士、イギリスやアメリカにおける同業者の数に較べればかなり少ないが、例えば二〇一六年一月現在、二八、〇〇〇名程度はいるらしい。

では公認会計士とは何か。

簡単にいってしまえば、今日、公認会計士は四種類の仕事を手掛けている。監査という仕事、会計に関する仕事、税金に関する仕事、経営コンサルティングという仕事、である。そして、これらのうち、監査だけは、法律によって、公認会計士（ないし監査法人）でなければできない仕事とされている。

この公認会計士が誕生をみたのは一九四八（昭和二三）年のことだった。もっとも、その前には計理士という類似の職が一九二七（昭和二）年からあったが、さまざまな面で公認会計士とは似て非なるものだった。

したがって、たかだか七〇年ほどの歴史しかないということになる公認会計士だが、そのルーツは或る程度、古くに求められる。

会計プロフェッションはスコットランドに生まれた。イギリス（ＵＫ）の北部の国スコットランド、ここが会計プロフェッションの祖国である。

会計プロフェッションの確立は一般に一九世紀後半（半ば過ぎ）のこととされているが、

1　Ｒ・Ｈ・パーカー／友岡賛、小林麻衣子（訳）『会計士の歴史』二〇〇六年、三三頁。

その萌芽ともいうべきものは既にこれを一八世紀にみることができる。ただしまた、「公認会計士」という名称の「公認」は、公に認められた、ということであって、そうした公に認められた会計士が誕生したのは一九世紀後半のことだった。

ところで、イギリス、あるいはまた、カナダ、オーストラリア、ニュージーランド、南アフリカ、アイルランドなどの旧英連邦諸国におけるそうした公に認められた会計士は「**勅許会計士**（chartered accountant）」と呼ばれている[2]。勅許とは国王の許可のことであって、つまりは御上《おかみ》による御墨《おすみつ》付きを意味している。

この御上による御墨付きを受けた会計士が誕生をみたのは一九世紀後半、一八五四年のことだった。

詳細は後述されるが、一九世紀の半ば過ぎ、スコットランドの首都エディンバラの会計士たちが集まってエディンバラ会計士協会という団体を設立し、自分たちの社会的な認知度の向上、ステータスの向上を図ろうとした。そこで彼らがまずしたことは勅許、すなわち御上による御墨付きをもらうことだった。

エディンバラ会計士協会に勅許が授けられた[3]のは一八五四年。勅許会計士の誕生だった。

簡単にいってしまえば、イギリスは王国だから勅許、そうでない日本は公認ということであって、公に認められた、という基本的な性格は同様である。したがって、エディンバラの会計士団体が勅許を受けたこの一八五四年という年は公に認められた会計士の誕生の年だった。

プロフェッション成立の指標

何をもって或るプロフェッションの成立とするか。むろん、これはなかなかに難しく、説もかなり分かれる問題だが、プロフェッションを扱う社会学においては団体の設立がプロフェッション成立の指標ともされ、例えばプロフェッション論の古典とされるA・M・カー‐サンダース（A. M. Carr-Saunders）とP・A・ウィルソン（P. A. Wilson）の『プロフェッション』（*The Professions*）は次のように述べている。

2　ただし、イギリスには勅許会計士のほかにも種々の会計士の肩書き（資格）がある。友岡賛『会計士の誕生――プロフェッションとは何か』二〇一〇年、第六章・第七章、をみよ。

3　勅許（charter）は団体に対して授けられるものであって、個人に対してではない。したがって、一般に「勅許会計士」とは呼ばれるものの、厳密には、勅許を受けた会計士、ではなくして、勅許を受けた会計士団体のメンバー、ということである。

「たとえ或る一定の技倆が存在し、人々がそれをもってする仕事に携わっているとしても、プロフェッションの存在はこれを必ずしも認めることはできない。……たとえ職能を同じくする人々が存在するとしても、その銘々が孤立している限り、プロフェッションが形成されることはない。その仕事に携わる人々の間に結束が存在する場合においてのみ、プロフェッションの存在はこれを認めることができ、また、ここにいう結束の形は正式の団体というそれのほかにはない」[4]。

スコットランド

まずはスコットランドの首都**エディンバラ**だった。

一八五三年一月一七日、一八四二年から会計士事務所を営んでいたアレクサンダー・ウィアー・ロバートソンが一四名の同業者に送った書簡は、これすなわち団結の呼び掛けだった。一月二〇日、この書簡を受けてもたれた最初の会合では定款の草案が示され、次の会合ではこれに検討が加えられ、そして一八五三年一月三一日、四七名の出席者を得た三回目の会合で設立をみたのがエディンバラ会計士協会、会計士団体の誕生だった。

ほどなくジェームズ・ブラウンを会長とする執行部が任命され、また、定款が最終的な承認を受けるなどして組織の基礎作りが完了、次は勅許だった。

翌年六月に完成をみ、メンバー五四名の署名を得て提出された勅許の申請書はエディンバラの会計士について次のように説明している。

「申請者がこれに属する会計プロフェッションは永年に亙って存在し、大いに尊敬され、また、近年はすこぶる重要な存在となるにいたっています。エディンバラにおける会計士の仕事は多様かつ広汎にして計算書類にかんするあらゆる事柄を含み、これを適切におこなうには、保険数理の分野の業務にかんするすべての知識のみならず、法、とりわけスコットランド法の一般原則にかんする深い知識、就中、商事法、支払い不能および破産、ならびに財産にかかわるすべての権利にかんする深い知識を必要とします。民事上級裁判所における多くの訴訟において、直接ないし間接に会計の問題をともなう場合、会計士はほとんど必ず裁判所に雇傭され、確信をもたらす手助けをしています。この手の調査はこれを法廷の陪審がおこなうことは明らかに極めて不適当であり、信頼しうる専門的な助力なくしては裁判所自らによ

4 A. M. Carr-Saunders and P. A. Wilson, *The Professions*, 1933, p. 298.

る訴追も難しく、こうした事件のすべてにおいて裁判所からの付託を受ける会計士は事実上、申請者の知るところ、イングランドにおいては大法官裁判所主事によって果たされている重要な役割をすべて果たしています。会計士はまた、例えば破産者の財産にたいする請求権の順位づけおよび破産者の財産の売却、訴訟手続きおよび清算、ならびに競合権利者確定手続きなどのスコットランド特有の手続きにおいて、大いに裁判所からの付託を受けています。さらにまた、会計士は仮差し押さえにおける管財人および任意信託における受託者にも多くの場合、選任され、これらの仕事をなし遂げる義務を負っていますが、これは最高度の責任および大きな金銭的利益のためのみならず、これらの仕事が事業にかんする豊かな経験、法にかんする博い知識、および一般教育によってのみ身に着けることのできるその他の能力を必要としているからであります」[5]。

なお、ここで一つ注目すべきは「エディンバラの団体による勅許の申請書およびグラスゴウの団体によるそれはいずれも、裁判所のためにする仕事、破産管財人の仕事、および保険数理士の仕事を強調し、他方、監査、税務、および原価計算にはおよそ言及していない」[6]という点である。

閑話休題。会計士団体に初めて勅許が授けられたのは一八五四年一〇月二三日、勅許会計士の誕生だった。

グラスゴーが後続した。

これまた一八五三年、結束を望む声の具体化は九月、二七名の会計士の署名を得た書状だった。これを受けて一〇月三日、ジェームズ・マックレランドを議長として会合がもたれ、定款作りが始まった。一一月九日には定款の草案が承認され、また、マックレランドを会長とする執行部が任命され、一一月一四日、グラスゴー会計士協会の定款証書に署名がなされるに至った。二つ目の会計士団体の誕生だった。

年が替わると勅許状の取得が議題にのぼり、勅許団体の名称については議論の上、「グラスゴー会計士・保険数理士協会」が採択された。九月に完成をみ、メンバー四九名の署名を得て勅許の申請書が提出され、グラスゴー会計士・保険数理士協会に勅許が授けられたのは翌一八五五年三月一五日のことだった。

さらに続いたのは**アバディーン**だった。

---

5 パーカー／友岡、小林（訳）『会計士の歴史』三九～四〇頁。
6 同右、三九頁。

一八六六年の末に設立をみたアバディーン会計士協会は翌一八六七年三月一八日に勅許状を取得、三つ目の勅許会計士団体だった。

このように、この国スコットランドには一九世紀の半ばを過ぎてほどない頃に既に三会計士団体の誕生、そして勅許をみることができたが、他方、イングランドに勅許会計士団体をみるには、エディンバラに後れること四半世紀超、一八八〇年までも待たなければならなかった。

イングランド

「イングランドにあって会計士団体は一八七〇年代の初頭にいたるまで設立されることがなかった。《エディンバラ会計士協会》の事務局長であったブラウンの著は、この後れの原因を破産法および裁判所の実務におけるスコットランドとイングランドとの異同に求めている。イングランドにおいては破産にかんする会計の問題の処理は大法官裁判所主事によって担われ、また、破産者の財産の管理は裁判所の官吏に委託されていたが、他方、スコットランドにあってこれらの仕事はプロフェッショナル会計士たちに付託され、彼らはこれを自らの実力をもってなし遂げなければならなかった」[7]とされるイングランドの会計士団体は一八七〇年に漸くまずはリバプール、次いでロンドンに設立をみ、いくつかが後続した。

前述のスコットランドの場合はエディンバラ、グラスゴー、アバディーンの三団体が地域的な棲み分けの関係にあったが、イングランドにおいてはロンドン会計士協会とイングランド会計士協会（一八七二年設立）が競合し、一時は熾烈な勢力争いがみられた。

しかしながら、最急務は勅許状の取得だった。勢力争いなどしている場合ではなかった。勅許を受けるには団結が必須だった。結局、この二団体はスコットランドの先達に倣って勅許を受けるべく、曲折を経て団結の方向へと向かった。

一八八〇年、この二団体、そしてリバプール、マンチェスター、シェフィールドの団体からなるイングランドの五団体が統一団体として勅許を受けて生まれたのがイングランド&ウェールズ勅許会計士協会だった。

スコットランドの先進

こうした団体の設立、そして勅許にもみられるように、会計プロフェッションの生成においてイングランドはスコットランドの後塵を拝さなくてはならなかった。

7　同右、四二頁。

「スコットランドは会計士団体の設立においてイングランドに遙かに先んじていた。今日、スコットランド人の血を曳く会計士たちは、このことをもって教育および専門性におけるスコットランドの先進性の明確な証左と看做し、また、事実、一九世紀にあってスコットランドの教育は、イングランドのそれに比して、より広汎にしてより実践的なものであった」[8]。

また、スコットランドの会計士は早くから司法と密接に結び付いていた。

この国の裁判所はさまざまな業務を会計士の手に委ねていた。スコットランドの制度は会計士の専門的な技倆を前提としていた。裁判所は十分な能力があると認めた会計士にさまざまな専門的な業務を委託していた。

制度の違いによって、イングランドでは大法官府主事という裁判所の職員その他の官吏や事務弁護士が行っていた仕事の多くがここスコットランドでは会計士によって行われていた。事実、前出のエディンバラ会計士協会の勅許の申請書は「こうした事件のすべてにおいて裁判所からの付託を受ける会計士は……イングランドにおいては大法官裁判所主事によって果たされている重要な役割をすべて果たしています」としていたし、また、グラスゴー会計士・保険数理士協会の勅許の申請書も「こうした付託による会計士の仕事はけだし、イングランドにあってはこれを大法官裁判所主事がおこなっています」[9]としていた。

こうした制度の違いは会計士の能力に影響をもった。スコットランドの制度は会計士の質の向上へと繋がった。裁判所による業務委託を受けることができるかどうか、は専門的な技倆の程度に依存したからだった。

他方、イングランドにおいては、専門的な技倆を必要とするはずの仕事がアマチュアたる官吏らの手によって行われ、また、彼らはしばしば事務弁護士に助けを求めた。会計士が自らの能力によって専門的な業務に従事し、また、そうした業務を受託するために自らの質の向上に努めた、というスコットランドの状況がそこにはなかった。例えば前出のグラスゴー会計士・保険数理士協会の初代会長マックレランドいわく、「イングランドの制度は、近年に至るまで、会計士として十分な訓練を受けた人々を舞台の前面に立たせることを怠ってきました」[10]。

両国において「会計士」という名称はまったく異なった意味をもっていた。スコットランドにおいては会計の専門家として理解されていた会計士というものが、他方、イングラ

8 同右、三六頁。
9 同右、四一頁。
10 James McClelland, *The Origin and Present Organization of the Profession of Chartered Accountants in Scotland*, 1869, p.14.

ンドでは単なる簿記係程度のものとみなされていた。

法曹との関係

こうした両国間の違いはステータスの高低に繋がっていた。

スコットランドの会計士は古くからかなりのステータスを有していた。

その理由は法曹との関係にあった。前述のような裁判所との関係によって、スコットランドにあって会計士は**司法プロフェッションの一員**とみなされていた。すなわち、この国の会計士は「エディンバラ社会の真の指導者はプロフェッションの人々であったし、また、とりわけ法曹は数、富、威信のいずれについてもずば抜けていた」[11]などともされる法曹の、ステータスを享受していた。

例えば、スコットランドの誇り、とされるウォルター・スコット（Walter Scott）（類いまれな文才をもって知られる詩人、小説家、そして史家）は一八二〇年、弟宛の書簡において甥の進路について次のように述べている。

「もしも私の甥が堅実、慎重で、定住的な生活と安定した職業を好み、また、算術に堪能で、その最上級の分野に従事する意向があるならば、会計士という職に優るものはない。これは大いに尊敬すべき職であって、注意力と技倆をもって従事し、さらに、私の斡旋にも扶けられるならば、彼の成功は疑いない。ただし、誰であっても、その努力が報いられるまでには長く、そして苦しい専心を覚悟しなければならない、といっておきたい。それは法曹業のほかの分野と同様、これが稔りは少なく、しかし従事者は多い分野であるからである」[12]。

明らかに会計士は司法プロフェッションの一員とみなされ、また、かなり高く評価されている。

スコットの会計士に対する高い評価は、会計士を含む司法プロフェッションに対する評価、として理解することができようし（なお、エディンバラ大学で法律を学んだスコットは彼自身が法曹でもあった）、また、そうであれば、会計士は、司法プロフェッションの一員とみなされている限り、既に確立をみていた司法プロフェッションの威信の恩恵に与ってい

11　T. C. Smout, *A History of the Scottish People 1560–1830*, 1969, p. 373.

12　Walter Scott, Letter to Thomas Scott, 23 Jul. 1820, in J. G. Lockhart, *Memoirs of the Life of Sir Walter Scott, Bart.*, new ed. , 1842, p. 429.

たといえるだろう。

もっとも、当時のエディンバラにおける司法プロフェッション内の序列については「法廷弁護士は御璽証書作成人協会所属の弁護士（writer to the signet）を寄せ付けない。また、御璽証書作成人協会所属の弁護士はスコットランド最高裁判所弁護士協会所属の弁護士（solicitor before the supreme court）や会計士のことを胡散臭くみる。さらにまた、会計士は下位裁判所弁護士法人協会所属の弁護士（solicitor-at-law）を相手にしないであろう」[13]などともされているが、いずれにしても、他方、イングランドにあって会計士はまったく法曹の威信の恩恵に浴することがなかった。

専業化

一九世紀の前半における会計士の仕事の状況はこれを例えばマックレランドの開業広告にみることができる。

既述のように、のちにグラスゴー会計士・保険数理士協会の初代会長となるマックレランドがそれまで勤めていた事務所から独立して自分の事務所を構えたのは一八二四年のことだったが、その際の開業広告は業務を次のように列挙している。

○仮差し押さえを受けた財産に関する差配人と管理人の仕事
○信託証書にもとづいて行為する債権者の受託者のためにする管財人ないし差配人の仕事
○故人の法定相続人のために行為する管財人のためにする差配人の仕事
○郊外の居住者のためにする差配人の仕事
○グラスゴーの破産者にかかわるイングランドとスコットランドの家屋に関する代理人の仕事
○パートナーシップの清算とパートナーに関する精算
○商工業者のためにする帳簿記入と決算
○問題のある計算書類と帳簿に関する調査と精算
○帳簿ないし問題のある計算書類に関する報告書等の作成と仲裁人、裁判所、ないし訴訟代理人に対する権利の主張
○会計士の行うその他の仕事の一切

13　John Heiton, *The Castes of Edinburgh*, 1861, p.6.

○破産者の財産からの債権の回収

前述のように、今日、会計プロフェッションの仕事としては監査、会計に関する仕事、税金に関する仕事、経営コンサルティングが挙げられようが、このプロフェッションが確立をみた一九世紀には破産関係の仕事の存在が大きかった。

一つのプロフェッションが確立をみてゆくそのプロセスはどのプロフェッションにおいても大差なく、まずは、兼業から専業へ、すなわちまずは専業化だった。会計プロフェッションの場合であれば、当初は○○兼会計士だったものが、要は、会計士の仕事だけで食えるようになる、ということだった。

会計士の専業化は主として破産関係の仕事がこれを可能にした。会計プロフェッションは「破産をもって生まれ、破産と不正によって育てられ、清算をもって成長し、監査をもって大学を卒業した」[14]などともいわれている。

マックレランドの開業広告、その筆頭は、仮差し押さえを受けた財産に関する差配人と管理人の仕事、だった。

破産関係の仕事

既述のように、会計プロフェッションの祖国スコットランドの会計士は早くから裁判所と関係をもち、この国の裁判所はさまざまな仕事を会計士の手に委ねていたが、その多くは破産関係の仕事だった。

この国の会計士にとって特に重要性の高い破産関係業務は仮差し押さえにかかわる業務だった。例えば一八五一年の或る資料によれば、この年に終了した仮差し押さえと、この年の末において継続中の仮差し押さえは計一、一五五件、その管財人に占める会計士の割合は件数についてでは五五％、報酬についてでは七八％だった。会計士の割合がこれを報酬についてみた場合の方が件数についてみた場合よりもかなり高いという事実は、複雑な管財の仕事には会計士の専門的な技倆が不可欠だった、ということを意味している。

ただしまた、他方、イングランドにあっても、会計士にとっての破産関係業務の重要性は一八三〇年代以降、徐々に高まりをみる。

「一九世紀のイギリス経済は、成長のみならず、幾度もの金融危機および許多の破産に

---

14 H. W. Robinson, *A History of Accountants in Ireland*, 1964, p. 30.

よっても特徴づけられるものであった。……有限責任会社はその多くが設立されるや否や解散した。およそ四分の一は登記されてから三年以内、およそ二分の一は一〇年以内、およそ四分の三は二〇年以内に解散した」[15]。

当時の急速な経済発展は周期的な景気変動を随伴し、寄せては返す恐慌の波は破産にかかわる法の整備を求め、そこに登場をみた諸法は会計士業に生い立ちの糧を与えた。

一八三一年の破産裁判所法は官選破産財産譲受人（official assignee）、一八四八年の株式会社解散法は官選財産保全管理人（official manager）、一八五六年の株式会社法と一八六二年の会社法は官選清算人（official liquidator）、一八六九年の破産法は破産管財人（trustee）の職を会計士にもたらした。

腐肉に群がるカラス

そうしたなか、ただしまた、破産関係の仕事にはいくつかの問題があった。

かつてイングランド&ウェールズ勅許会計士協会の会長職にあったアーネスト・クーパー（Ernest Cooper）は一九二一年の講演で一八六〇年代のことを次のように述懐している。

「私たちのステータスは人に羨まれるようなものではありませんでした。……会計士を探しているならベイジングホール・ストリートの破産裁判所に一番近い居酒屋にゆけばよい……と揶揄され……人々は会計士と話しているところや彼がオフィスに入ってくるところを他人にみられないようにしていました。一八六六年の非常時には特にそうでした」[16]。

一八六六年の非常時。

イングランド銀行がライバル視するほどの巨大金融機関オーバーレンド・ガーニー＆Co.が支払い停止を余儀なくされたのは一八六六年五月のことだった。この支払い停止は金融恐慌をもたらしたが、会計士にとっては稼ぎどきだった。

また、一九五八年に刊行された会計事務所デロイト・プレンダー・グリフィスズ＆Co.の所史は次のように述べている。

15 パーカー／友岡、小林（訳）『会計士の歴史』二八～二九頁。
16 *The Accountant*, Vol. 65, No. 2446, p. 554.

「破産という厭わしいものへの関与は会計士に世評の低さをもたらしていた。……デロイトの或る事務員は破産者から事情を聴くためにニューゲートの監獄へゆかなければならなかった」[17]。

或る判事が次のように嘆いたのは一八七五年のことだった。

「破産にかかわるすべての仕事が会計士と称される無知の輩の手に委ねられてしまっている。これはこれまでの法における悪弊の最たるものの一つである」[18]。

諸法によって破産関係の仕事が増加をみた結果、専門的な技倆の欠片もないような人々までもが会計士をもって自ら任じ始め、そうした似而非《まやかし》会計士がもたらす弊害はただでさえ「破産という厭わしいものへの関与」による世評の低さに悩む会計プロフェッションをさらに悩ませることになった。

スコットランドの会計士も、破産によって稼ぐ者、という烙印を捺されていた。この国の会計士がグラスゴーの雑誌『ベイリー』に「腐肉に群がるカラス」[19]と譬喩されたのは一八七八年の非常時においてだった。

一八七八年の非常時。

スコットランドにあって最多の支店数を誇るシティ・オブ・グラスゴー銀行が支払い停止を余儀なくされたのは一八七八年一〇月のことだった。会計士にとってはこれまた稼ぎどきだった。『ベイリー』いわく、「勅許会計士の団体が今秋のように豊かな収穫を手にしたことは終ぞない」[20]。

失われた破産関係業務

しかしながら、クーパーの述懐は続く。

「一八八三年の法律は破産関係業務の激減をもたらしました」[21]。

---

17 Russel Kettle, *Deloitte & Co. 1845–1956*, 1958, p. 3.

18 Beresford Worthington, *Professional accountants: An Historical Sketch*, 1895, p. 73.

19 *The Bailie*, Vol. 13, No. 319, p. 1.

20 *Ibid.*, p. 1.

21 *The Accountant*, Vol. 65, No. 2446, p. 559.

一八八三年の破産法。

パーカーいわく、「このプロフェッションにとって不愉快なことには、一八八三年の破産法は債権者によって任命される破産管財人の替わりに官選収益管理人（official receiver）を設け、多くの仕事がプロフェッショナル会計士から奪われた」[22]。

追い討ちを掛けたのは一八九〇年の会社（解散）法だった。

パーカーいわく、「イギリスの会計プロフェッションの確立の礎となった債権者のためにする破産関係の仕事はイングランドおよびウェイルズにおけるその多くが一八八三年破産法および一八九〇年会社（解散）法によって官吏の手に渡った」[23]。

監査の時代

しかしながら、クーパーの述懐はさらに続く。

「会計士はそれほど減りませんでした」[24]。

そこには監査という仕事があった。やってきたのは監査の時代だった。

第三節　会計士監査

鉄道会社

まずは鉄道会社だった。

パーカーいわく、「単なる監査ではなくして専門的にして独立の立場からする監査、これが最初に必要とされたのは鉄道会社においてであった」[25]。

鉄道業は一九世紀イギリスの諸産業のなかにあってずば抜けて大きな規模をもち、また、鉄道会社はその大半がロンドン証券取引所、そして一八三〇年代以降、相次いで設立された地方の証券取引所に株式を上場していた。例えば一八四二年現在、ロンドン証券取引所

22 パーカー／友岡、小林（訳）『会計士の歴史』四三～四四頁。
23 同右、八一～八二頁（（　）書きは原文）。
24 *The Accountant*, Vol. 65, No. 2446, p. 559.
25 パーカー／友岡、小林（訳）『会計士の歴史』二五頁。

における上場会社の払い込み済み株式資本に占める鉄道会社のそれの割合はおよそ三一％にも上っていた。

銀行は鉄道建設にあって大きな役割を果たすことがなく、他方、「鉄道ブーム」と呼ばれる一八三〇年代後半と一八四〇年代後半における鉄道建設のピークにあってその資金調達は主としてロンドン証券取引所で行われた。

そこにみたのは資本と経営の分離の進行、遙有株主（経営に関与しない株主）の増加だった。鉄道会社の株主たちは自分たちを不労所得者とみなし、経営はこれを専門経営者の手に委ねていた。専門経営者は多くの場合、僅かな株式しかもたず、したがってまた、遙有株主たちとは必ずしも利害を共にしなかった。

監査が必要だった。

鉄道会社の場合、監査は早期から行われてはいたが、その担い手は株主監査人だった。

株主監査人と会計士監査人

鉄道会社は個別法によって設立されていた。

第三章に述べられたように、例えば「○○から○○を経て○○に到る○○鉄道の運営を目的とする○○鉄道会社を設立するための法律」などといった名称をもち、また、一般に

「〇〇鉄道法」などと略称されるこの個別法には監査人の選任に関する規定が設けられてはいたが、そこに意図されていたのは、飽くまでも、株主監査人だった。

すなわち、監査人は株主でなければならない、ということだった。

事実、例えば一八三九年のウェスト・ダラム鉄道法は監査人に対して、五株以上の所有、を求め、また、一八四二年のニューカッスル&ダーリントン・ジャンクション鉄道法は、取締役に求められる持ち株数と同数以上の株式所有、を監査人の資格要件としていた。

また、公益事業会社について設けられた一八四五年の会社約款統一法はその対象の多くが鉄道会社だったが、従前の個別法の集大成として設けられたこの法は、監査人はその会社の株主であることを要する、としていた。この規定が廃されるまでにはおよそ四半世紀を要し、鉄道会社の監査人に株式所有を求めることを止めたのは一八六八年の鉄道規制法だった。

どうして、株主監査人、だったのか。

それは、自分の財産にかかわる私的な動機をもつ株主こそが監査人に適任、と考えられていたからだった。すなわち、自分の財産にかかわることだから、一所懸命、真剣に監査をやるだろう、ということだった。

こうした株主監査人は、しかしながら、そのほとんどが専門性を欠き、例えば、後述のように、イギリス会計学の祖ともされる勅許会計士フランシス・W・ピクスリー（Francis W. Pixley）によれば、「会計士がたまたま株主であるか、あるいはまた、監査人の資格を得るためにわざわざ株式を購入しない限り、株主たちはまったくのアマチュアを監査人に任命せざるをえなくなる」[26]虞があった。「わざわざ」ないし「たまたま」の場合だけ、ということだった。

このように、私的な動機をもつ監査人と専門性をもつ監査人の間にはトレード‐オフの関係があった。

やがて会社法は専門性をもつ監査人を選択するに至ったが、まずは消極的な選択にしか過ぎなかった。一八五六年の株式会社法では、監査人は株主であることを要しない、とされ、また、一八六二年の会社法においては、監査人は株主であってもよい、とされた。

監査人の専門性が会社法上、積極的に求められるに至ったのは一九四七年のことだった。監査人を特定の会計士団体のメンバー（特定の会計士）[27]等に限定したのは一九四七年の会社法だった。

不正事件

前述のように、鉄道会社の場合、監査は早期から行われてはいたが、その担い手は株主監査人だった。

株主監査人は概して役に立たなかった。

鉄道会社を繞る不正事件は少なくなかったが、株主監査人は虚偽を看破できなかった。株主監査人はそのほとんどがアマチュアだったからだった。

一八六〇年代以前には監査人の大半が会計士ではなかった。大概の監査人は専門的な技倆を欠くだけでなく、ほかに本業をもっていた。監査は所詮、片手間の仕事にしか過ぎなかった。アマチュア監査人は年に数回、その会社を訪れ、書類を一瞥していた。そのやり方は極めてぞんざいだった。監査は表面的なものにしか過ぎなかった。

---

26 Francis W. Pixley, *The Profession of a Chartered Accountant: And Other Lectures, Deliveredto the Institute of Chartered Accountants in England and Wales, the Institute of Secretaries, & c., & c.*, 1897, p. 44.

27 注記2をみよ。

そうした監査は当然に実効がなかった。

その一例はグレート・ノーザン鉄道の株主記録係による横領事件だった。

これは一八五〇年代にあって最も耳目を惹いた不正事件だった。この株主記録係は二五〇ポンドないし三〇〇ポンドといわれる年俸からすると身分不相応な生活を営んでいたが、その豪奢な暮らしは巨額の横領によって立てられていた。彼の不正が発覚をみたのは一八五六年のことだった。

しかしながら、この鉄道の二名の監査人は同年八月七日付けの報告書において、依然、悠長に次のように述べていた。

「計算書類と帳簿はすべての部門について申し分ありません」28。

彼らは配当額と株式数の矛盾には以前から気が付いていたが、これをもって自分たちの仕事とはまったく無関係とみなしていた。アマチュア監査人の無意味さ、これが槍玉に挙げられたのは翌年三月の株主総会においてだった。

会計士監査へ

監査業務が会計士業の一翼を担い始めたのは一八六〇年代の末葉ないし一八七〇年代のことだった。

前述のように、一八四五年の会社約款統一法は監査人に株主であることを要求していたが、この要求を廃したのは一八六八年の鉄道規制法だった。ピクスリーによれば、会計士にとって「これは好ましい方向への一歩であった」[29]。

次の一歩は一八七九年の会社法だった。ピクスリーが「勅許会計士にとって重要性をもつ最初の法律」[30]とするこの会社法は或る不正事件の所産だった。

グレート・ノーザン鉄道における横領事件を首め、鉄道会社を繞る不正事件は少なくなかったが、むろん、不正は鉄道においてだけではなかった。例えば一八五七年と一八六六

---

28 D. Morier Evans, *Facts, Failures, and Frauds: Revelations, Financial, Mercantile, Criminal*, 1859, p. 439.

29 Pixley, *The Profession of a Chartered Accountant*, p. 44.

30 Francis W. Pixley, *Auditors: Their Duties and Responsibilities under the Companies Acts, Partnership Acts, and Acts Relating to Executors and Trustees, and to Private Audits*, 10th ed., 1910, p. 9.

年の金融恐慌は銀行におけるさまざまな不正を伴っていたが、この世紀にあって銀行の不正事件といえば、何を措いてもシティ・オブ・グラスゴー銀行の事件だった。

そして、この事件が作った法が一八七九年の会社法だった。

無限責任会社の粉飾倒産

第二節に述べられたように、スコットランドにあって最多の支店数を誇るシティ・オブ・グラスゴー銀行が支払い停止を余儀なくされたのは一八七八年のことだった。

この銀行は、無謀な投機的経営によって、莫大な不良債権と債務を抱えるに至っていたが、そうした実態は粉飾決算によって隠蔽されていた。

この粉飾倒産によって、シティ・オブ・グラスゴー銀行の株主たちはその多くが破産に追い込まれ、悲劇の主人公となったが、それはこの銀行が無限責任会社だったからだった[31]。

また、この銀行における粉飾はその手口自体は極めて稚拙なものだったが、そうした粉飾が可能だったのは監査が行われていなかったからだった。

そして、この倒産事件において示された二つの問題、すなわち無限責任の問題と監査の問題の解決策として設けられたのが一八七九年の会社法だった。

この会社法は無限責任会社の有限責任会社化を容易にし、また、爾後、有限責任会社として登記されるすべての銀行に監査を強制していた。同法の発効後、銀行における監査は急増をみ、しかも、その多くが会計士による監査だった。前述のように、この一八七九年法は「勅許会計士にとって重要性をもつ最初の法律」ともいわれる。

ただしまた、しかしながら、ここにみられた銀行における監査の導入は、実のところ、まずはこの会社法の要求とは無関係になされたことだった。すなわち、一八七九年法が監査を強制したのは一部特定の銀行に対してだけだったが、シティ・オブ・グラスゴー銀行の事件は、この銀行だけの問題に止まることなく、銀行業界全体の信用低下を招き、諸銀行、とりわけスコットランドの諸銀行の株価は急落、そうしたなか、スコットランドの諸銀行はこの会社法の要求とは無関係に監査を導入、これは直ちに株価の回復をもたらすに至ったのだった。

こうした諸銀行の行動をもたらしたのはシティ・オブ・グラスゴー銀行の株主たちの悲

---

31 ただし、当時、無限責任形態の採用は何もこの銀行においてだけのことではなかった。銀行家の多くは、銀行の信用は株主の無限責任こそが支えている、と信じ、したがって、銀行の多くは無限責任株式会社だった。

劇がもたらした社会的状況、すなわち、監査が行われなければ株主が納得しない、という社会的状況だった。

この株主たちの悲劇は、むろん、無限責任形態によってもたらされたものだったが、また、監査が行われていなかったことによる粉飾、これもその原因だった。すなわち、監査が行われていなかったことによる粉飾がこの事件の規模(不良債権や債務の額、すなわち株主たちが負担しなければならなくなった追加出資の額)を増大させていた。すなわち、この銀行の無謀な経営は粉飾によって支えられていた。もしも粉飾が行われていなければ、この銀行は早期に破産していただろうし、また、その損害にしても遙かに少額だっただろう。

このように、人々が目にしたシティ・オブ・グラスゴー銀行の株主たちの悲劇、監査が行われていなかったことによる悲劇は、監査が行われなければ株主が納得しない、という社会的状況をもたらすに至っていた。

しかも、ここで諸銀行が導入したのは**会計士による監査**だった。

すなわち、そこにあったのは、会計士による監査が行われなければ株主が納得しない、という社会的状況だったし、また、そうした社会的状況をもたらしたのは、早くに生成をみていたスコットランドの会計プロフェッションの存在、だった。

会計士というプロフェッショナルの存在を知る人々とすれば、会計士による監査でなければ納得できない、ということだった。

他方、イングランドでは多くの銀行が一八七九年の会社法の規定を用いて有限責任会社化の上、監査を導入し、例えばイングランド&ウェールズ勅許会計士協会設立後の或る資料によれば、およそ三分の二の銀行において会計士による監査が行われるに至っていた。

監査の時代

例えば一八八〇年のイングランド&ウェールズ勅許会計士協会に対する勅許状は会計士の業務を次のように列挙している。

○清算人の仕事
○収益管理人の仕事
○破産管財人の仕事
○信託にかかわるさまざまな仕事
○公開会社およびパートナーシップの計算書類の監査
○その他

（その他を除けば）どん尻とはいえ、ここに漸く監査への言及をみることができる。

また、例えば一八八〇年代の半ばに刊行された勅許会計士志望者のためのガイドブックは会計士の業務を次のように列挙している。

- ○計算書類の監査
- ○破産管財人の仕事
- ○清算人の仕事
- ○遺言執行者等のためにする会計士の仕事
- ○仲裁人の仕事
- ○パートナーシップ等に関する計算書類の作成ならびに紛争の解決および不正の発見等のためにする計算書類の調査
- ○これらに附随するさまざまな仕事

いまや監査が筆頭だった。

そして、すべての会社に監査を強制したのは一九世紀最後の年、一九〇〇年の会社法だった。

アマチュア監査の時代は既に終わっていた。

この一九〇〇年法によって任命された監査人はその大方が会計士だった。

なお、会計士史家の野口昌良は次のように述べている。

「一般には一九〇〇年会社法をもって政府による干渉主義の始まりと考えられているが、資本市場での取引量の増大に鑑みれば、証券取引所の対応[32]に比べ、同法の姿勢は消極的であった。財務諸表監査を普及させ、制度として確立した点は評価されるべきであるが、これは任意規定の時代でも一般に行われていた。一九〇〇年法の段階では、実務が法的要請を上回っており、同法は単に既存実務を追認したに過

32 「一九世紀第4四半期には、ロンドン証券取引所が上場会社に求める財務情報の開示について一定の規制を行い始めた」（野口昌良「株式会社と会計専門職業の形成——イギリスの近代株式会社制度と会計専門職業人の台頭」千葉準一、中野常男（責任編集）『体系現代会計学［第八巻］会計と会計学の歴史』二〇一二年、二五二頁）。

ぎない。任意規定時代の監査実務の普及に貢献したひとつの要因が職業会計士組織の成立であった」[33]。

失われなかった監査業務

第二節に述べられたように、破産関係の仕事はその多くが官吏の手に渡り、会計士の手から失われたが、他方、破産関係の仕事に取って代わった（破産関係業務の代わりに会計士の主要業務となった）監査という仕事は官吏の手に渡ることなく、依然として会計士の手中にある。

敷衍すれば、債権者のためにする破産関係の仕事は公的な干渉を受け、株主のためにする監査という仕事は公的な干渉を受けなかったということである。

例えばパーカーはこれについて「何ゆえに議会は株主にかかわる事柄よりも債権者にかかわる事柄のほうに干渉することとしたのであろうか？　確かなことは分からないが、幾つかの理由がかんがえられる」[34]として次の数点を挙げている。

○株主は既に有限責任制度によって保護されていた。

○監査は破綻していない企業において行われるが、そうした企業の株主は自らを守るために公的な干渉が要るとは思っていなかった。
○公的な干渉の必要性は、単に危機が生ずる可能性がある場合（監査が行われている状況）、よりも、既に危機が生じている場合（破綻している状況）、の方が大きい。
○債権者より株主の方が企業の情報を多く入手することができるため、債権者よりも株主の方が損害を被る原因が自分の愚かさにあることが多い。

第四節　アメリカへ

鉄道の監査

鉄道業はビッグ・ビジネスの嚆矢であって、そうした意味において、どの国・地域においても、その登場は大きな社会的影響を有したが、ただし、その状況は必ずしも一様では

33　同右、二三三頁。
34　パーカー／友岡、小林（訳）『会計士の歴史』八四～八五頁。

なく、既述のイギリスにおける状況と次のようなアメリカにおける状況の対比は興味深い。

「鉄道は、購入意思のある投資家を対象に、社債、優先株、および普通株を市場で売りさばくことを投資銀行に依頼していた。……一九世紀のアメリカの企業は外部者に対する情報開示をほとんどしていなかった。所有経営者は財務情報を共有することにほとんど価値を認めず、情報開示はライバル会社を利することになると危惧していた。一八六六年にデラウェア・ラッカワナ&ウェスタン鉄道の財務部門の責任者は、NYSE（ニューヨーク証券取引所）からの情報要求に対して、この鉄道の経営陣は「過去五年間、いかなる報告書を作成したことも、いかなる計算書を公表したこともなく、その手のことは何もしたことがありません」と述べているし、また、ニューヨーク・セントラル&ハドソン・リバー鉄道は一八七〇年代から一八八〇年代に掛けて株主に対する年次報告書を発行していなかった」[35]。

「当初、鉄道は財務情報の開示を行うことなく資金を調達していた。投資家は投資銀行に対する信頼にもとづいて有価証券を購入していた。銀行家たちは、人々に有価証券を勧める前に、自ら調査していると思われていた。有価証券の発行にかかわる目論見書は二頁という短いものだった。……投資家は企業の業績を評価するためにさらなる情報を求め、他方、賢明な経営者たちは一斉に投資家の不安を減らそうとした。両者のニーズを満たすコミュニケーションの手段として財務会計が登場した。初期の報告実践は投資家が求めるすべての情報を提供できなかったため、ヨーロッパの投資家は持分証券よりも低リスクの債券を選んだ」[36]。

「外部者は、鉄道が諸取引を種々の形で報告しているため、会社間の比較が混乱させられている、ということに気が付いた。一八八〇年代の初頭、一部の債権者に雇用されたイギリスの勅許会計士がアメリカにやってきて経営者の報告書を監査した。初めてアメリカ支所を設けたイングランドの会計事務所はバロー・ウェイド・グスリエ&カンパニーだったが、この事務所が財務諸表に監査証明を与えたニューヨーク・オンタリオ&ウェスタン鉄道は初めて監査を受けたアメリカの鉄道だった。今日のやり方とは違って、初期の債権者は監査人に直接に報酬を支払った」[37]。

---

35 トーマス・A・キング/友岡賛(訳)『歴史に学ぶ会計の「なぜ?」』二〇一五年、三六〜三七頁。
36 同右、三八〜三九頁。
37 同右、三九〜四〇頁。

会計プロフェッション

イギリスに生まれた会計プロフェッションはイギリス資本とともに、あるいは今日にいう**経営コンサルティング**の仕事をもって大西洋を渡り、北米大陸へ赴いた。

例えば一九九五年のイギリスの会計事務所の営業収入上位一〇位のデータによれば、上位一〇事務所の営業収入において経営コンサルティング業務による収入の占める割合は二五％にも上るに至っているが、経営コンサルティング業務は古くからこのように会計士業の一翼を担っていたわけではなく、しかし、他方また、会計士は近年になってこれに従事し始めたというわけでもない。会計プロフェッションが確立をみた一九世紀イギリスの会計士には既に**特別の仕事**があった。

一九世紀イギリスの会計士は今日にいう経営コンサルティングを「特別の仕事」と呼んでいた。すなわち、会計士は近年になって経営コンサルティングを手掛け始めたというわけではないが、他方また、かつての会計士はいまだこれを通常の仕事とはみていなかった。

特別の仕事の筆頭はさまざまな調査、そのまた筆頭は不正の調査だった。

まずは鉄道会社だった。当時における大規模な不正事件の頻発は鉄道業の出現がこれをもたらしていた。「不正はビクトリア期の経済における風土病、公共会計士はこれを追い払うために雇われた医師であった」[38]し、また、「鉄道における不正はビクトリア期のホワイトーカラーによる犯罪の先駆けであった」[39]。

調査の仕事は会計事務所の海外進出へと繋がった。

プライス・ウォーターハウス＆Co.はその活動範囲を海外に拡げていった。海外における仕事の多くはイギリスからアメリカへの投資にかかわる調査だった。或るパートナーは一八七三年以降、何度も大西洋を往復していた。こうした調査の仕事は増え続けていた。ロンドンからみたアメリカはあまりにも遠かった。ブロードウェイにニューヨーク・オフィスが開設されたのは一八九〇年のことだった。プライス・ウォーターハウス＆Co.は爾後、アメリカにおける会計プロフェッション発展の牽引車となるのだった。

しかしながらまた、プライス・ウォーターハウス＆Co.だけではなかった。例えば一八八八年三月、デロイト・デバー・グリフィスズ＆Co.の或るパートナーがニューヨーク

38 Edgar Jones, *Accountancy and the British Economy 1840–1980: The Evolution of Ernst & Whinney*, 1981, p.56.
39 George Robb, *White-Collar Crime in Modern England: Financial Fraud and Business Morality, 1845–1929*, 1992, p.55.

へ旅立った目的は某鉄道の調査だった。こうした調査の仕事は次々とやってきていた。当時のデロイト・デバー・グリフィスズ＆Co.はニューヨークを首め、ボストン、シカゴ、デンバー、ミネアポリス、フィラデルフィア等、アメリカ各地で調査の仕事を手掛けていた。ウォール・ストリートに初の海外支部が設けられたのは一八九〇年のことだった。

こうしてイギリスに生まれた会計プロフェッションはイギリス資本とともに大西洋を渡った。いや、イギリス資本とともに、というよりは、イギリス資本のためにイギリス資本に先んじて、というべきかもしれない。まずは、イギリス資本のゆき先の調査のため、だった。

こうして会計士の海外進出は投資先の調査という特別の仕事によってもたらされた。

会計士会計学

先述のように、近代会計制度の祖国、とされるイギリスを「近代会計学の祖国」と呼ぶこともできるかどうかについては意見が分かれるだろう。例えば、資産評価論などといった類いの会計学はドイツに生まれ，イギリスには生まれなかった、とされる。

ただし、いずれにしても、イギリスにはいまだ一九世紀のうちに体系的な会計書を何冊もみることができる。まずは既出のピクスリーの書があり、これにローレンス・R・ディクシー（Lawrence R. Dicksee）の書が続き、あるいはまた、ジョージ・ライル（George Lisle）の書もこの一九世紀に上梓されている。実務を体系的にまとめ上げたこれらの書は少なくとも、イギリス会計学の先駆、として捉えることができ、会計プロフェッションの祖国イギリスの会計学史はほとんど専ら実務のなかにある。ピクスリーやディクシーの書は監査実務の書だったし、ライルの『会計の理論と実践』（*Accounting in Theory and Practice*）もまた、まずは会計プロフェッション等のための実務書だった。

こうした状況に鑑み、会計プロフェッションの祖国イギリスの会計学は、会計士会計学、として生まれ、また、とりわけ監査論をもって嚆矢としたともされているが、そうした理解を受け容れるならば、既述のように、ピクスリーをもって、イギリス会計学の祖、と捉えることもできる。一八八一年にロンドンで上梓されたピクスリーの『監査人』（*Auditors*）はこれが、会計士会計学の嚆矢、とされるからである。

また、ピクスリーとディクシーは「両者ともに、監査の実務書をとりまとめた後、引き続いて会計学に関する本を出版している。Pixleyも Dicksee も、ともに会計士としての監査実務経験に基づく執筆を行っている。また、両者の著書では固定資産会計、特に減価償却についても論じられており、監査実務の視点からも当時の会計問題に対するアプローチが試みられた」[40]。

会計士会計学もまた大西洋を渡る。

「一八七〇年から一九〇〇年までの三〇年間にイギリスの会計士によってもたらされた会計実務の進歩は、必然的にその時代のイギリスの会計文献の発達を必須のものにした。結局のところ、ある特定の時代に存在していた職業を評価する最良の手段を提供するのは、その時代の職業人によって著わされた文献である。……イギリスの会計職は、発展途上にあるその職業が有する一面をそれぞれの視点から発展させ、かつ新たに登場してきた原価計算や監査といった問題、さらに株式会社形態の企業の要求に、イギリスの職業会計人自身が対応できるようにさせてくれる会計文献の著者を、非常に多く必要としていた」[41]。

「ピクスレーとディクシーという名前は、イギリスの会計学と監査論に精通している人にはよく知られている。ディクシーの『監査論』がひきつづき会計職から支持されたことは、一九五一年には、この著作の第一七版が出版されたという事実、しかもそれは故ロバート・H・モンゴメリーによって編纂された数回に及ぶアメリカ版を含んでいるという事実がよく物語っている。ピクスレーの著作も、初版の出版から三〇年もたたないのに、一九一〇年には、第一〇版が出版されるといった同様の成功をおさめた。両文献は、監査の領域における会計の諸問題の全範囲をまんべんなく取り扱っている一方で、監査人の適当な行動に関する指針として、会社法規定や裁判の判決内容にかなり依存している」[42]。

ここに言及されているように、英米の懸け橋となったのはモンゴメリー（Robert H. Montgomery）、彼が編纂したのはディクシーの『監査』（*Auditing*）はそのアメリカ版（一九〇五年）だった。

「セラーズ・ディクシー&カンパニー」という事務所名とともに「バーミンガム大学会計学教授」というイギリス初の会計学教授の肩書きをもって著者ディクシーが示されるこ

---

40 辻川尚起「株式会社と会計専門職業――一九世紀イギリスにおける会社法制の整備と会計専門職業の発展」中野常男、清水泰洋（編著）『近代会計史入門』二〇一四年、二三〇頁。

41 V・K・ジンマーマン／小澤康人、佐々木重人（訳）『近代アメリカ会計発達史――イギリス会計の影響力を中心に』一九九三年、九六～九七頁。

42 同右、九八頁。

のアメリカ版において、編者モンゴメリーによる「序」は次のように述べている。

「厳格で不変の規則をもってうまくゆくことは期待することができないし、また、監査における個人的な要素が予め用意された指示に取って代わられることは望ましくないが、しかし、或るプロフェッショナル監査人の経験が他の人々にとって大きな価値を有するということは認めなければならない。したがって、先導的なイングランドとアメリカの会計士たちの提案によって補足されたディクシー氏の経験の成果を可能な限り簡潔に述べることが本書の目的であり、また、本書の少なくとも一部はアメリカのすべての実務家と学生にとって価値を有するであろう」[43]。

「ここに収められた事柄の多くは、何年にもわたってイギリスとアメリカの双方において監査に関する標準的な文献に位置付けられてきたディクシー氏のイングランド版と同一である。したがって、主な改変はイギリスとアメリカの間の会計用語、法、および習慣における多くの相違に起因している」[44]。

また、ディクシー自身は次のように述べている。

「このアメリカ版の刊行によって、私の本が過去一三年間にわたって既にこの国で博してきた人気がさらに高まるものと確信する」[45]。

ただし、やがてモンゴメリーは自身の『監査』（*Auditing*）を著すこととなり、その経緯は同書の第一一版（一九九〇年）に次のように述べられている。

「Montgomery氏は、多作の著述家であり、かつ会計士業界のリーダーであった。同氏は、現在のアメリカ公認会計士協会の母体となった組織の設立に尽力し、その会長を務めた。また、同氏は、若い頃に、コロンビア大学、ニューヨーク大学およびペンシルベニア大学で教鞭を執った。同氏は、監査の実務書の必要性を痛感し、一九〇五年、さらに一九〇九年に、英国人の著作であるディクシーの監査（*Auditing*）

43 Lawrence R. Dicksee/Robert H. Montgomery（ed.）, *Auditing: A Practical Manual for Auditors*, Authorized American Edition, 1905, p.7.
44 *Ibid*., p.7.
45 *Ibid*., p.5.

のアメリカ版を出版した。しかしながら、同氏は、米国実務のディクシーの監査からの完全な離脱を認識し、一九一二年にアメリカの最初の監査書、監査：理論および実務（*Auditing: Theory and Practice*）を著した。それ以後、一九一六年から一九八五年までに、九つの版が出版された。第七版では、共著者としてAlvin R. Jennings氏とNorman J. Lenhart氏が同氏に加わり、本書は、モントゴメリーの監査論（*Montgomery's Auditing*）と改題された」[46]。

また、自身の『監査』はその初版の「序」において、モンゴメリー自身は次のように述べている。

「ディクシー氏の監査に関する著作は多年にわたってアメリカの事務所における権威であった。私は一九〇五年に彼の著書のアメリカ版を出版し、その際にはイギリスにおける実務にのみ関係する法規定およびその他の事柄は省略し、アメリカにおける実務にも適用することができる部分は書き直すか、あるいは手を加えずにおいた。同書は成功を収め、一九〇九年には第二版の刊行をみるに至った」[47]。

「しかしながら、ここ数年間、私はディクシー氏の示した原則や手続きからの完全な離脱をこのプロフェッションにおいて認識するようになった」[48]。

46 Vincent M. O'Reilly, Murray B. Hirsch, Philip L. Defliese, and Henry R. Jaenicke／中央監査法人（訳）『モントゴメリーの監査論』一九九三年、「はしがき」三頁（（　）書きは原文）。

47 Robert H. Montgomery, *Auditing: Theory and Practice*, 1912, p.v.

48 *Ibid.*, p.v.

文献リスト

The Accountant.

エーリック・アールツ（Erik Aerts）／藤井美男（監訳）『〈アールツ教授講演会録〉中世末南ネーデルラント経済の軌跡――ワイン・ビールの歴史からアントウェルペン国際市場へ』九州大学出版会、二〇〇五年。

The Bailie.

J・B・バスキン（Jonathan Barron Baskin）、P・J・ミランティJr.（Paul J. Miranti, Jr.）／青山英男（監訳）、森勇治（訳）『ファイナンス発達史――会社財務の歴史的展開』文眞堂、二〇〇五年。

マイク・ブルースター（Mike Brewster）／友岡賛（監訳）、山内あゆ子（訳）『会計破綻――会計プロフェッションの背信』税務経理協会、二〇〇四年。

A. M. Carr-Saunders and P. A. Wilson, *The Professions*, Clarendon Press, 1933.

チャットフィールド（Michael Chatfield）／津田正晃、加藤順介（訳）『会計思想史』文眞堂、一九七八年。

千葉準一『英国近代会計制度――その展開過程の探究』中央経済社、一九九一年。

ベルナルド・コラス（Bernard Colasse）「序――会計学史の要素」ベルナルド・コラス（編著）／藤田晶子（訳）『世界の会計学者――一七人の学説入門』中央経済社、二〇〇七年。

R. De Roover, The Organization of Trade, in M. M. Postan, E. E. Rich, and Edward Miller (eds.), *The Cambridge Economic History of Europe*, Vol. 3: *Economic Organization and Policies in the Middle Ages*, Cambridge University Press, 1963.

Lawrence R. Dicksee／Robert H. Montgomery (ed.), *Auditing: A Practical Manual for Auditors*, Authorized American Edition, Robert H. Montgomery, 1905.

D. Morier Evans, *Facts, Failures, and Frauds: Revelations, Financial, Mercantile, Criminal*, Groombridge & Sons, 1859.

橋本武久『ネーデルラント簿記史論――Simon Stevin簿記論研究』同文舘出版、二〇〇八年。

橋本武久「簿記・会計の歴史性について」『産業経理』第七一巻第四号、二〇一二年。

橋本武久「イタリア式簿記と株式会社――日記帳の位置付けによせて」『會計』第一八八巻第六号、二〇一五年。

橋本寿哉『中世イタリア複式簿記生成史』白桃書房、二〇〇九年。

John Heiton, *The Castes of Edinburgh*, W. P. Nimmo, 1861.

土方久『複式簿記会計の歴史と論理――ドイツ簿記の一六世紀から複式簿記会計への進化』森山書店、二〇〇八年。

広瀬義州『財務会計（第九版）』中央経済社、二〇〇九年。

飯野利夫『財務会計論』同文舘出版、一九七七年。

Institute of Chartered Accountants in England and Wales, *Historical Accounting Literature: A Catalogue of the Collection of Early Works on Book-keeping and Accounting in the Library of the Institute of Chartered Accountants in England and Wales, Together with a Bibliography of Literature on the Subject Published before 1750 and not in the Institute Library*, Mansell, 1975.

石鍋真澄『ピエロ・デッラ・フランチェスカ』平凡社、二〇〇五年。

泉谷勝美「ルカ・パチョーリに関する若干の問題」『経営経済』第四号、一九六七年。

Edgar Jones, *Accountancy and the British Economy 1840-1980: The Evolution of Ernst & Whinney*, B.T. Batsford, 1981.

片岡泰彦『イタリア簿記史論』森山書店、一九八八年。

片岡泰彦「複式簿記の誕生とパチョーリ簿記論」平林喜博（編著）『近代会計成立史』同文舘出版、二〇〇五年。

片岡泰彦「複式簿記の生成・発展と「パチョーリ簿記論」への展開」千葉準一、中野常男（責任編集）『体系現代会計学［第八巻］　会計と会計学の歴史』中央経済社、二〇一二年。

片岡泰彦「ドイツ式簿記とイタリア式簿記――フッガー家の会計制度と一六～一九世紀のドイツ簿

記書」中野常男、清水泰洋（編著）『近代会計史入門』同文舘出版、二〇一四年。

Russel Kettle, *Deloitte & Co. 1845–1956*, Oxford University Press, 1958.

トーマス・A・キング（Thomas A. King）／友岡賛（訳）『歴史に学ぶ会計の「なぜ?」』税務経理協会、二〇一五年。

岸悦三『会計生成史――フランス商事王令会計規定研究』同文舘出版、一九七五年。

岸悦三『会計前史――パチョーリ簿記論の解明（増補版）』同文舘出版、一九九〇年。

岸悦三「ルイ一四世商事王令とサヴァリー――フランス簿記史」平林喜博（編著）『近代会計成立史』同文舘出版、二〇〇五年。

工藤栄一郎『会計記録の研究』中央経済社、二〇一五年。

黒澤清『財務諸表論』中央経済社、一九七六年。

Dionysius Lardner, *Railway Economy: A Treatise on the New Art of Transport, Its Management, Prospects and Relations, Commercial, Financial, and Social, with an Exposition of the Practical Results of the Railways in Operation in the United Kingdom, on the Continent, and in America*, Walton and Maberly, 1850.

Yannick Lemarchand「ジャック・サヴァリーとマチュー・ド・ラ・ポルト――フランスの大世紀を代表する簿記の大家」ベルナルド・コラス（Bernard Colasse）（編著）／藤田晶子（訳）『世界の会計学者――一七人の学説入門』中央経済社、二〇〇七年。

A. C. Littleton, *Accounting Evolution to 1900*, American Institute Publishing Co., 1933.

リトルトン（A. C. Littleton）／片野一郎（訳）、清水宗一（助訳）『会計発達史（増補版）』同文舘出版、一九七八年。

James McClelland, *The Origin and Present Organization of the Profession of Chartered Accountants in Scotland*, J. MacLehose, 1869.

W・H・マクニール（William H. McNeill）／清水廣一郎（訳）『ヴェネツィア――東西ヨーロッパのかなめ、一〇八一―一七九七』岩波書店、二〇〇四年。

三代川正秀「最近の出版の傾向」『Accounting, Arithmetic & Art Journal』第二九号、二〇一五年。

Robert H. Montgomery, *Auditing: Theory and Practice*, Ronald Press Co., 1912.

レオス・ミュラー（Leos Müller）／玉木俊明、根本聡、入江幸二（訳）『近世スウェーデンの貿易と商人』嵯峨野書院、二〇〇六年。

村田直樹「株式会社会計における財務報告の源流」千葉準一、中野常男（責任編集）『体系現代会計学［第八巻］会計と会計学の歴史』中央経済社、二〇一二年。

西谷順平『保守主義のジレンマ――会計基礎概念の内部化』中央経済社、二〇一六年。

野口昌良「株式会社と会計専門職業の形成――イギリスの近代株式会社制度と会計専門職業人の台頭」千葉準一、中野常男（責任編集）『体系現代会計学［第八巻］会計と会計学の歴史』中央経済社、二〇一二年。

大石桂一「渡邉泉著『帳簿が語る歴史の真実　通説という名の誤り』」『企業会計』第六八巻第五号、二〇一六年。
Vincent M. O'Reilly, Murray B. Hirsch, Philip L. Defliese, and Henry R. Jaenicke／中央監査法人（訳）『モントゴメリーの監査論』中央経済社、一九九三年。
R・H・パーカー（R. H. Parker）／友岡賛、小林麻衣子（訳）『会計士の歴史』慶應義塾大学出版会、二〇〇六年。
Francis W. Pixley, *The Profession of a Chartered Accountant: And Other Lectures, Delivered to the Institute of Chartered Accountants in England and Wales, the Institute of Secretaries, & c.*, Henry Good & Son, 1897.
Francis W. Pixley, *Auditors: Their Duties and Responsibilities under the Companies Acts, Partnership Acts, and Acts Relating to Executors and Trustees, and to Private Audits*, 10th ed., H. Good, 1910.
George Robb, *White-Collar Crime in Modern England: Financial Fraud and Business Morality, 1845–1929*, Cambridge University Press, 1992.
H. W. Robinson, *A History of Accountants in Ireland*, Institute of Chartered Accountants in Ireland, 1964.
三光寺由実子「フランスの簿記事情と会計規定の成立・展開――イタリア式簿記の導入以前からナ

ポレオン商法まで」中野常男、清水泰洋（編著）『近代会計史入門』同文舘出版、二〇一四年。
デニス・シュマント＝ベッセラ（Denise Schmandt-Besserat）／小口好昭、中田一郎（訳）『文字はこうして生まれた』岩波書店、二〇〇八年。
Walter Scott, Letter to Thomas Scott, 23 Jul. 1820, in J. G. Lockhart, *Memoirs of the Life of Sir Walter Scott, Bart.*, new ed., Robert Cadell, 1842.
アダム・スミス（Adam Smith）／大内兵衛、松川七郎（訳）『諸国民の富（四）』岩波文庫、一九六六年。
T. C. Smout, *A History of the Scottish People 1560–1830*, Collins, 1969.
Jacob Soll, *The Reckoning: Financial Accountability and the Making and Breaking of Nations*, Basic Books, 2014.

ジェイコブ・ソール（Jacob Soll）／村井章子（訳）『帳簿の世界史』文藝春秋、二〇一五年。

杉田武志「株式会社会計の起源――イギリス東インド会社と南海会社」中野常男、清水泰洋（編著）『近代会計史入門』同文舘出版、二〇一四年。

竹本洋一『『国富論』を読む――ヴィジョンと現実』名古屋大学出版会、二〇〇五年。

瀧田輝己『体系監査論』中央経済社、二〇一四年。

O・テン・ハーヴェ（O. ten Have）／三代川正秀（訳）『新訳　会計史』税務経理協会、二〇〇一年。

友岡賛『歴史にふれる会計学』有斐閣、一九九六年。

友岡賛『株式会社とは何か』講談社現代新書、一九九八年。

友岡賛『会計の時代だ――会計と会計士との歴史』ちくま新書、二〇〇六年。

友岡賛『なぜ「会計」本が売れているのか?――「会計」本の正しい読み方』税務経理協会、二〇〇七年。

友岡賛『会計士の誕生――プロフェッションとは何か』税務経理協会、二〇一〇年。

友岡賛『会計学原理』税務経理協会、二〇一二年。

友岡賛「単式簿記と複式簿記・再論――会計学の基本問題(七)」『三田商学研究』第五八巻第五号、二〇一五年。

友岡賛『会計学の基本問題』慶應義塾大学出版会、二〇一六年。

友岡賛『会計と会計学のレーゾン・デートル』慶應義塾大学出版会、二〇一八年。

辻川尚起「株式会社と会計専門職業――一九世紀イギリスにおける会社法制の整備と会計専門職業の発展」中野常男、清水泰洋(編著)『近代会計史入門』同文舘出版、二〇一四年。

渡邉泉『損益計算の進化』森山書店、二〇〇五年。

渡邉泉『歴史から学ぶ会計』同文舘出版、二〇〇八年。

渡邉泉「複式簿記の伝播と近代化――オランダ、イギリスを中心に」千葉準一、中野常男(責任編集)『体系現代会計学[第八巻]会計と会計学の歴史』中央経済社、二〇一二年。

渡邉泉『帳簿が語る歴史の真実――通説という名の誤り』同文舘出版、二〇一六年。

Beresford Worthington, *Professional accountants: An Historical Sketch*, Gee & Co., 1895.
山桝忠恕、嶌村剛雄『体系財務諸表論　理論篇』税務経理協会、一九七三年。
V・K・ジンマーマン（Vernon K. Zimmerman）／小澤康人、佐々木重人（訳）『近代アメリカ会計発達史――イギリス会計の影響力を中心に』同文舘出版、一九九三年。

『日本会計史』慶應義塾大学出版会，2018年
『会計学の考え方』泉文堂，2018年
『会計学の地平』泉文堂，2019年
『会計学の行く末』泉文堂，2021年

著者紹介

友岡　賛（ともおか　すすむ）

慶應義塾幼稚舎等を経て慶應義塾大学卒業。
慶應義塾大学助手等を経て慶應義塾大学教授。
博士（慶應義塾大学）。

著書等（分担執筆書の類いは除く。）
『近代会計制度の成立』有斐閣，1995年
『アカウンティング・エッセンシャルズ』（共著）有斐閣，1996年
『歴史にふれる会計学』有斐閣，1996年
『株式会社とは何か』講談社現代新書，1998年
『会計学の基礎』（編）有斐閣，1998年
『会計破綻』（監訳）税務経理協会，2004年
『会計プロフェッションの発展』有斐閣，2005年
『会計士の歴史』（共訳）慶應義塾大学出版会，2006年
『会計の時代だ』ちくま新書，2006年
『「会計」ってなに？』税務経理協会，2007年
『なぜ「会計」本が売れているのか？』税務経理協会，2007年
『会計学』（編）慶應義塾大学出版会，2007年
『六本木ママの経済学』中経の文庫，2008年
『会計学はこう考える』ちくま新書，2009年
『会計士の誕生』税務経理協会，2010年
『就活生のための企業分析』（編）八千代出版，2012年
『ルカ・パチョーリの『スムマ』から福澤へ』（監修）慶應義塾図書館，2012年
『会計学原理』税務経理協会，2012年
『歴史に学ぶ会計の「なぜ？」』（訳）税務経理協会，2015年
『会計学の基本問題』慶應義塾大学出版会，2016年
『会計と会計学のレーゾン・デートル』慶應義塾大学出版会，2018年

著者との契約により検印省略

平成28年8月25日　初版第1刷発行
平成30年2月25日　改訂版第1刷発行
令和3年9月25日　改訂版第2刷発行

会計の歴史
〔改訂版〕

著　者　友岡　賛
発行者　大坪克行
印刷所　税経印刷株式会社
製本所　牧製本印刷株式会社

発行所　〒161-0033 東京都新宿区下落合2丁目5番13号　株式会社 税務経理協会
振替 00190-2-187408　電話 (03)3953-3301（編集部）
FAX (03)3565-3391　(03)3953-3325（営業部）
URL http://www.zeikei.co.jp/
乱丁・落丁の場合は，お取替えいたします。

ISBN978-4-419-06508-9 C3034